开家美容院

郑东　陈曦／编著

中国宇航出版社

美丽经济的蓬勃发展带给我们一场美丽的盛宴

Warming Euc
Shower
The muscle warmi
stimulates and tones
and combats summe

序一

由陈曦和郑东共同编著的《开家美容院》一书，终于在大家企盼的目光中问世了。这是一本从实践到理论、然后又回到实践中去为实践服务的好书，一本在美容行业里颇具一线操作意义的书，一本极具参考价值、深入浅出的大众读物。

作者在撰写此书之前，就通过电话向我讲述了对于该书的想法。在简单的电话交谈中，我似乎已经预先感觉到了该书的份量和价值。现在书已成形，当我有幸先睹为快时，我感觉到作者那些曾经散落的思想已经化为一串完整的、美丽的项链，展示在我的面前，让我为之惊艳。

两位作者在美容化妆品行业摸爬滚打十几年，见证了这个行业从昔日星星之火到如今燎原之势的全过程，积累了丰富的美容院经营管理、营销推广、广告策划及专业咨询的经验。《开家美容院》正是他们十余年第一线工作经验的高度总结和心血的结晶，同时也体现了作为专业咨询工作者对美容事业的热爱和无私奉献精神。

在市场经济高速发展的今天，美容业作为世人公认的“朝阳行业”已经展现在我们面前，其行业效益与深远的发展意义受到社会各界的广泛关注，同时也受到众多持币待入的有志之士的青睐。与美容业蓬勃发展同时出现的，是数不清的投资人、经营者困惑的目光和常挂在嘴边的疑问：我该怎么做？我怎样才能做得更好？我先做什么？我还能做什么？……当你阅读此书，将会惊奇而愉快地发现，那些生动浅显的文字，易于操作的规程和形象直观的插图，已经很好地回答了你的问题。对于初次创业者，它是一本行动指南；而对于已进入这一领域但尚未获得辉煌业绩的投资人和经营者，它将使你如虎添翼。

愿《开家美容院》这本书带给你更多的信心，使你更加坚定地踏入美容行业；愿《开家美容院》成为你的良师益友，在你事业红红火火的发展进程中与你结伴而行；愿《开家美容院》如作者所望，为繁荣当代社会经济和美化人们的生活发挥应有的作用。

《中国化妆品》杂志总编　李　康

2004年8月于北京

序二

致力服务于美容行业的博雅美容化妆品咨询服务有限公司是《医学美学美容》杂志社多年的合作单位，陈曦先生也是我个人的朋友。多年来他和他的团队以其独具特色和个性的策略手法，为中国美容业的高速健康发展作出突出的贡献。欣闻由陈曦、郑东撰写的《开家美容院》一书即将出版，在备感欣喜之余，也被作者与美容业融为一体的主人翁责任感和精于钻研的求实精神所打动。作为中国美容业一个特殊的构成部分，他们真正做到了想行业之所想，解行业之所急，将提升行业层次，满足行业需求，促进行业发展的目标落到了实处。

服务于美容，成长于美容，回归于美容，《开家美容院》一书凝聚了作者的智慧和心血，更体现了作者一如既往的美容情结。该书结构宏大，层次分明，理念先进，以美容业主体之一的美容院为中心原点，理论结合实务，从市场调研、操作执行、经营管理等多个层面入手，对开办美容院过程中所涉及的各类问题进行详细深入的分析评述，并配以策划实案，使抽象模糊的操作程序更加生动鲜明，堪称一部细致缜密、科学客观的美容院实用全书，不仅可作为初期入门者投资运营的基本参考方案，同时对成熟美容院经营者也有较强的实践指导作用。《开家美容院》很多新的思路和独特的见解，会打开你的智慧之门，助你事业有成！

同是美容领域中人，我相信作者前进的步伐永不停歇，一定会有更令人惊喜的美容著作与大家见面，让我们拭目以待。

《医学美学美容》杂志社 辛映继

2004 年 8 月 12 日

目录

前言

美容是一个既时尚又古老的行业。有证据表明，古埃及人很早就开始用特殊配料如泥土、蜡、蜂蜜和油制成面膜、化妆品、口红，用以改善皮肤的外观；古希腊妇女利用植物的根、酵母的混合物来减少雀斑，使用含面包屑和牛奶的面膜防治皱纹，欧洲医药之父、古希腊医生希波克拉底对美容业也有巨大贡献，在他的参与下，皮肤护理开始进入科学的轨道；古罗马人则用水果汁、蜂蜜和橄榄油制作美容处方；指压按摩这种至今仍然广受欢迎的美容方法，上千年前就被中国及亚洲其他一些国家运用。

近年来，中国美容行业的快速发展，正在改变人们对于美容的传统认知和固有偏见，孕育出一个更为巨大的美容消费市场。如今，大多数人不再认为美容是一种不良嗜好，许多人，特别是那些时尚和爱美的女性，频繁出入于美容院，享受美容师为她们提供的专业化服务，在美容过程中获得更多的魅力和自信。

对许多人来说，美容业是一个充满魅力、富有挑战性并且极具吸引力的一个行业。当越来越多的人有了更充裕的可支配收入时，美容，这个能够增加人们自身魅力的行业受到越来越广泛的关注，香薰疗法、水晶活肤、ＳＰＡ、血液祛斑、香薰耳烛、热蜡修眉、活离子疗肤、物理丰胸等美容项目，正在或者已经成为许多女性热衷的消费内容，各种各样的美容新方式，也在不断地制造新的流行时尚。

美容业以其稳定性的收入、巨大的增长潜力和收益的安全性展现出的诱人发展前景，吸引越来越多立志从事这项事业的人们纷纷加入。

当你的手里有了一定的积蓄，或者你已经有数年美容师的从业经验和经历，或者你有几个志同道合并且喜欢美容业的知己，或者……那么，你现在可以着手开一家属于自己的美容院，建立你自己的事业啦！

创业的念头无疑会让你激动不已，但彷徨、犹豫和疑惑也会随之而来，毕竟，开一家属于自己的美容院不是一件简单的事，你必须具备进入及从事该行业的很多素质，这对你来说，无疑是一项挑战。

从个人素质来说，你应该是一个喜欢交际的人，乐于结交不同的人，并且有能力同各种各样的人打交道；面对不同的服务对象和不同的要求，你能够依据客观情况作出恰当而非一时冲动的决策；经营一家美容院，是一项非常有挑战性的事业，经营过程中，你会面临不同的困难和风险，因此，作为美容院的经营者，你必须非常坚毅，才能承受未来可能发生在你身上的各种风险和压力； 此外，美容是一个知识极为丰富并且要求富有专业精神和从业能力的领域，在专业方面，你必须熟悉、理解这个行业，并能够胜任其中的工作。

如果你确定要开办一家美容院，那么，从现在你就要有足够的准备去走过一段旅程，这段旅程曾经是很多人跌倒和失败的地方，当然，它也更让无数人获得了成功。

万事开头难。

对于一个创业者，尤其是那些初次进入该领域的朋友来说，千头万绪不知从何做起，有点手足无措的感觉。这说明，对于你来说，挑战已经开始了。想到那么多的客人因你的专业化服务焕发出更加迷人的魅力，想到那么多的美容师将会因为你开办美容院而获得工作的机会，并且在你的美容院中体会到工作的价值和乐趣，想到自己在为别人创造魅力的过程中，自己的事业也创建起来，那么，你还有什么犹豫不决的呢，还有什么困难是不能克服的呢？

只要你愿意付出努力，你获得的回报必然是丰厚并让你欣喜不已的。

为了使你的事业获得成功，本书将陪伴你走过最艰难的创业时期！

19AC
SOFT MEMBRANE
POWDER SERIES
O'NIFTY™

第一章

美容业：美丽的盛宴

进入美容行业，一个20余年间在中国迅猛发展、充满许多传奇和诱人色彩的行业，我们需要对其有全面、理智的了解和把握。

自上个世纪80年代起，中国的美容业经过20余年的发展，市场规模迅速扩大，技术不断发展，资金投入不断增加，成为中国改革开放以来发展最为迅速的行业之一。据统计资料显示：截至2003年，全国已有美容院154万家，从业人员1200万左右，全年总产值1680亿元，占我国第三产业总产值的5.74%，国民生产总值（GDP）的1.82%；城镇每个美容工作者平均年工资水平1.16万元，高于全国各类就业人员平均工资水平。

虽然美容行业在前20年经过了一个高速发展的时期，但是目前，我国城镇人口年均消费化妆品仅为34元，不及发达国家的十分之一。就13亿的人口基数而言，这样的产业规模还远远不能满足市场需求。有人预计到2010年，国内化妆品业销售将突破1000亿元，美容服务业产值将突破3000亿元，用于美容业投入和改造的资金大约2000亿元。

在如此巨大的市场空间面前，你可能也想赶上这场美丽的盛宴，那么，还是让我们一起走进这一领域，认识一下"美丽经济"的方方面面吧。

一、美容服务业亟待专业化

从上世纪90年代起，美容行业市场需求的急速膨胀，引来众多的追随者，许多人踏入这个领域，以掘取人生的第一桶金。在那个年代，他们凭借一点点资金、勇气和并不过硬的专业知识、技能获得了成功。然而，早期的美容业在发展过程中险象环生，行业中不规范的操作也层出不穷：

◎全国美容业尚无服务技术的鉴定机构，服务项目包罗万象，服务质量没有标准；滥用医疗机构、美容博士等名义；产品概念操作盛行。

◎美容业的虚假宣传现象较普遍，极大地伤害了消费者的利益，同时也损害了行业信誉；一些不良从业者干扰了正常的市场发展秩序，在相当长时间内，消费者认为美容业有不健康之嫌。

◎美容业进入门坎低，发展速度过快，而职业教育水准明显滞后，从业者素质参差不齐，整体素质明显偏低。

在审视中国美容行业发展不足的同时，我们也应该看到积极的一面。如今，国内美容服务业已经从初级阶段"一张床美容"的简单模式，发展成为能够提供美容美发、医疗美容、美体、美甲、纹刺、形象设计、色彩顾问服务的大产业，大型的美容企业连锁机构和一批规范的、专业化的美容院也在不断产生。

在消费者越来越理性、要求越来越苛刻、市场越来越成熟的今天，市场对行业经营品质的要求越来越高，市场需要更多拥有专业知识和技能并能提供优质服务的美容机构进入。对于你来说，投资这一行业，无疑会获得更多的成功机会。

二、美容业的热点消费趋势

美容业是一个古老的行业，也是一个不断发展变化的行业。由于人们对美的理解不同，不同社会时期对于美容方式的需求也不尽相同。另外，随着新的美容方式方法被不断地挖掘和创造出来，作为一个时尚行业，美容也呈现出千变万化的景象。对于一个投资者来说，掌握美容行业的前沿知识和流行趋势是必不可少的，因为这涉及到你的美容院今后的发展战略和发展方向。

1、以抗衰老为主导的美容生物科技异军突起

留住青春，留住美丽，是人类永恒不变的追求。

近些年来，对于年龄的恐惧，成为许多时尚女性和都市白领们的群体性特征，有人戏称之为"35岁现象"。这一人群认为，现在就业竞争日趋激烈，对年龄的要求越来越严，她们担心自己变老后，会被老板炒鱿鱼；有些人担心自己人老珠黄后，自己不再有魅力，在社交场合不再受到关注，丈夫也不再爱她；她们最大的愿望是"年轻10岁"，永远保持青春靓丽的形象。

一直以来，科学家们就没有停止过探索延缓肌肤衰老的秘密。研究证明，皱纹、色素沉着、皮肤松弛是皮肤衰老的先兆，也是自身容貌的大敌。25岁左右，皮肤就进入了自然老化的状态，皮肤中的胶原蛋白、弹性蛋白、糖蛋白、粘多糖及胆固醇分子均有不同程度的下降。

为了尽可能地留住美丽，20世纪，一大批化学合成的以延缓肌肤衰老为目的的化妆品被广泛应用。据调查，当前美国最流行的美容产品是抗衰老产品，其销售额已占护肤化妆品市场的一半以上；以法国为代表的西欧国家，抗衰老化妆品已占护肤品市场的55%以上；日本及东南亚诸国，也已形成了抗衰老化妆品热销的态势。

据估计，我国抗衰老化妆品的年销售额不少于4.5亿元，其中的抗污染产品，如防晒、抵抗物理损伤及化学侵蚀、隔离和修护等方面的产品，正受到越来越多女性的欢迎。

随着人们对美容护肤需求的增加，对化妆品的质量要求也越来越高，人们担心合成化学化妆品会给皮肤造成不良刺激，越来越多的人开始对纯天然化妆品感兴趣，于是，以抗衰老为主导的美容生物高科技异军突起。

天然抗衰老化妆品以天然药物成分为主，用动植物的浸膏或抽提液作为基剂或添加剂生产而成。近年来，国外在天然抗衰老化妆品研制方面利用大量新型材料，获得了

许多有价值的成果。欧洲许多美容研究机构已经开始用激肽释放酶、活性激肽P物质舒张皮肤毛细血管，促进血液循环，以达到显著的美容效果。此外，利用先进技术从银杏叶中提取的物质GBE含有丰富的醇类、黄酮类等化合物，被证明具有降低血液黏稠度、改善血液循环等抗衰老的作用；肝素、蚯蚓提取物、中药红花等也有改善微循环的美容功效。

随着人们对年龄越来越关注，对美容化妆品越来越挑剔，以生物高科技为主导的抗衰老化妆品必将大行其道。目前，市场上的天然抗衰老化妆品可以分为以下几类：能延缓外貌衰老的化妆品，具有延缓组织器官衰老的化妆品，有延长寿命作用的化妆品，有逆转衰老作用的化妆品。在我国市场上有两种霜剂能在一定程度上阻抑或延缓皮肤老化：一种制剂是含有全反式维甲酸（维生素A的中间代谢产物），另一种制剂是具有高防光效能的防晒霜（因为日晒与皮肤老化息息相关，防晒就是防老化）。

2、天然活性护肤品成为时尚

随着人们环境意识的增强，回归自然成为我们共同的心声。在美容行业，也日渐兴起天然、绿色的概念。很多的护肤品中添加牛奶、血清、海洋元素、矿物质、果蔬汁类物质。科学家还从植物中提炼出可以“吃”下去，像巧克力一样解饿，像维生素一样治口腔溃疡的“天然”口红。胡萝卜、当归、人参、灵芝、花粉、珍珠粉、鹿茸、胎盘等提取物，均因其含有丰富的氨基酸、维生素及天然保湿因子而被应用于美容领域。据了解，国外天然植物和鲜花提取液市场正以每年5%～10%的速度递增，新一代含有海洋植物、中草药、热带植物等植物添加成分的化妆品在欧美国家日益流行。

3、高科技引爆的减肥、塑身、紧肤市场经久不衰

紧张的工作状态，不合理的膳食结构，长期缺乏健康锻炼，导致越来越多的人群体态日显臃肿，而由肥胖引起的肌肤松弛和各类身体疾患，如高血脂、糖尿病等，威胁

着现代人的美丽和健康。减肥已经成为社会人群的共同需求，各种美体瘦身场所成为人们喜欢光顾的地方。

减肥热的兴起以及需求的持久性，带动减肥业的迅速发展。最初的减肥仪器只是具有多种功能的健身器，让消费者在狭小的运动空间内达到减肥目的。随着科技的不断发展，仪器的科技含量不断加强。在欧美等发达国家和地区，庞大的脂肪运动机已经被小巧玲珑的瘦身纤体仪代替；日本的超音波仪器可以轻松减脂；意大利医生奇加纳发明了一种可以装在肚子里的减肥仪，只有火柴盒大小，金属外壳，里面是电池和电脑芯片，植入肚皮后，在人体进食到一定程度时，会自动发出停止进食的指令到大脑；美国一名肥胖者在试用两年后，体重减轻了70公斤；而CELLU的M6减肥仪，带来了燃脂的全新革命，35分钟的治疗相当于3个小时的有氧运动，效果显著且持久。激光

仪、太空舱仪等减肥仪器以其安全高效性，正越来越受到人们的青睐。调查发现，消费者普遍对注重产品研发的高科技瘦身产品感兴趣。

按照2001年中国医学会公布的体重衡量标准，我国超重人群估计在4.8亿人左右，而肥胖者已超过7000万人，这表明国内的减肥产品市场是一个容量巨大的市场。

除了提供给顾客良好的瘦身效果以外，其他细致的服务也不可忽略，例如做完瘦身后的放松、沐浴、按摩等，为顾客提供一些其他减肥的好建议，都会使他们成为你的长期顾客！

4、专业化、个人化、高附加值

如今，顾客不但对美容师的服务品质和水准有一定要求，而且对美容院的设备、营造的气氛都极为挑剔；她们期望在你的美容院拥有独一无二的护肤品，一支个性的口红，一瓶个性香水；除了享受各种美容服务外，她们还希望在这里得到许多有价值的时尚生活资讯，如新潮的服饰、流行的妆容、热卖的化妆品、时尚的休闲方式等，越来越多的顾客都希望享受到这种高附加值的服务。

因此，掌握专业化的美容知识和技能，拥有高科技美容仪器、高品质美容产品，能为顾客提供量身定做的美容健康计划和咨询，提供高附加值的服务，是你的美容院在同业竞争中胜出并获得持续经营的法宝之一。

5、男士美容日趋流行

爱美是女人的天性，而今男士对于美容的兴趣也日渐浓厚。当今社会，外表形象在社交场所、生意场上、谈判桌上都是不可忽略的因素。良好的仪态和容貌，不仅增加自信，还会给你的合作伙伴、生意对手留下美好的印象，从而提高生活和工作的质量。美国《幸福》杂志统计显示，全美每4个接受美容的人中，就有1个是男性。

尽管国内男士美容刚刚兴起，但在众多省会城市，已经显现出稳定上升趋势，其价位和档次普遍高于女性美容。据统计，上海男性一年在美容方面消费两个亿，占上海美容市场的30%，并以每年20%的速度快速增长。在北京，一些男性开始定期接受美容护理，并且大都能接受会员制的模式。在欧美国家，男士除了把美容院当作护肤、休闲的场所外，更是将其作为商业谈判和事业沟通的桥梁。因此，拓展男士美容院的商务功能，是今后这类美容院发展的重点。

在美容的心理上，男性和女性有很大的不同，女性是为了美容而美容，男性则是为了休闲而美容。因此，如果你涉足男士美容这一领域，在经营方针和指导思想上应与纯粹的女士美容院有所区别。可以为男士美容开辟专区，比如开设浴足、美肤、SPA一体的休闲场馆。需要注意的是，男士美容相对于女性美容而言，更应该注意时尚的把握和宣传。

6、情调美容

随着人们生活水平的提高，审美意识的不断改变，人们对美容院的需求不再仅仅满足于做单纯的肌肤保养。她们走进美容院，除了获得常规的身体护理外，还希望同时获得心灵的放松，这就要求美容院包含更多的文化元素，从硬件上的声、光、色，以及软件上的产品文化、企业文化等方面，营造一个具有某种特色的环境，将商业经营和文化氛围营造有机地结合起来，增强美容院的亲和力。

比如，以女性顾客为服务对象的美容院，在情景营造中，多运用一些温馨、柔美的色调和可爱的摆设，给客人更多的浪漫想象；而以男士为主的美容院，色彩就要偏厚重一些，在空间的安排上尽量符合男士的生活习惯，尽量营造舒适、随意的氛围。

7、中医美容

中医美容在我国可以追溯到2000多年以前，在历代各类医书中，表明有驻颜、悦色作用的药物多达上百种，而方剂更是数量可观，各种面容悦泽方、增白方、祛皱方、驻颜方、白牙方、染发方、香身香口方应有尽有，甚至有发蜡、口红、胭脂的配方。如今，中草药及中医技术在美容行业中已经得到广泛的应用，例如流行的针灸减肥、耳部全息疗法、足部全息疗法、中药祛斑等等，均来自传统中医理论。

《黄帝内经》是中医药学理论的源头，它为中医美容学的形成和发展奠定了理论基础。现代中医各基础学科和临床学科的发展，为中医美容学的发展打下了基础。中国

博大精深的文化所提供的美学思想，也使中医美容学具备美学理论的基础并极富中国特色。

目前对中草药的研究和加工工艺有了很大的变化，从传统的手工研磨演化到今天高科技震荡研磨加工和提取设备，对于中草药的药性利用率大大提高，其产生的功效较其他产品而言，更具安全性。

中医认为人是一个有机的整体，要得到局部的美，必先求整体的阴阳平衡、脏腑安定、经络通畅、气血流通。中医美容注重整体的调理，因此，其美容效果持久、稳定、

安全，其独特的魅力越来越受到世人青睐，成为美容业中独具中国特色的、具有持续竞争力的重要领域！

三、正在兴起的美容新方法

改革开放前，美容在中国不被重视，许多美容方法当时的人们也闻所未闻。改革开放后，随着美容行业的发展，国内外各种传统美容方法开始复兴，一些利用当代科技成果的美容新方法也开始被应用。如今，一个又一个美容新词汇、一项又一项美容新技术在全国各大中城市兴起，成为当地时尚生活的标志，成为美容院重要的收入来源。

目前，美容院的热点消费项目到底有哪些？特点是什么？让我们一起来回顾一下：

1、水晶活肤

利用崭新的专业活肤仪和不发生化学变化的天然水晶粉末，在专业美容师的娴熟操作下，处理粉刺、疤痕、妊娠纹、皱纹等肌肤问题。此美容技术最初只应用于医学美容，经过改良，已成为现代美容院专业护肤项目。一般客人做此护理 3～5 次后可见到效果，问题皮肤治疗 8～10 次后可见到明显效果。当然，皮肤状况不同，疗效也有差异。据说欧美、日本很多著名影星都做水晶活肤美容。理疗过程中，美容师会根据顾客皮肤的不同状况灵活控制活肤时间和力度，让拥有婴儿般透明嫩滑肌肤的梦想成真。

2、SPA

SPA是希腊语Solus（健康）Par（在）Aqua（水中）的缩写，意为"健康在水中"。SPA是指人们利用天然的水资源，结合沐浴、按摩和香熏来促进新陈代谢，满足人体视觉、味觉、触觉、嗅觉和思考，达到一种身心畅快的享受。SPA 15世纪起源于比利时，18世纪后开始在欧洲贵族中风行，成为贵族们休闲度假、强身健体的首选。20世纪，欧美又重新掀起了SPA热潮。

随着欧风渐进，中国美容业的2003年可以毫不夸张地说是SPA年，身体SPA、头发SPA、眼睛SPA，不管是否真与SPA相关，皆冠上SPA名。SPA包含了脸部护理、音乐按摩、芳香疗法、淋巴排毒、水疗、泥疗、海洋疗法、瑜珈、五感疗法等内容，以养生美容、健身、舒心为主旨，利用水、颜色、声音、光线、植物芳香精油、死海矿物泥，甚至热乎乎的石头做美疗工具，达到美容健身功效。其中又以面部ＳＰＡ及身体ＳＰＡ最受消费者青睐，在ＳＰＡ天地里，你可以美化容颜、健美体形、修身养性，如同沐浴在大自然中，让人在压力不断的工作中寻回一种心灵的归宿感与内在的和谐。

3、血液祛斑

中国人向来以白为美，美白祛斑的需求历来是美容消费之最。因此各种各

样的美白祛斑方法经久不衰，新的方式层出不穷。

血液祛斑以中医理论为基础，从解决肌肤微循环淤阻入手，根本上解决了肌肤的水分和营养保持问题。血液祛斑主要是通过专门的美容仪器照射鼻腔，并配合相关疗效产品达到祛斑美白效果的一种美容方法。

血液美容的核心是利用SLT半导体激光仪器以及美容专用水晶精华液，加速血液流动，促进循环，让体内沉积毒素得以及时清除，进行正常的新陈代谢，保持肌肤细胞的健康、洁净，从而淡化斑痕色素、美白肌肤。

4、午餐换肤

仅一顿午餐的时间，就能让肌肤如新生一般细嫩光滑，你是否觉得不可思议？这便是在欧美颇为流行的酵素果酸换肤，好莱坞很多大明星都受益于它。因每次护理只需30～40分钟，职业女性尤其是白领一族多利用午餐后休息时间去美容院享受此项服务，给肌肤充电，故而称为"午餐换肤术"。相比以前的果酸换肤，如今的果酸主要成分是甘醇酸，浓度低于正常皮肤的酸度，其特有的成分分子量小、渗透性好，能短时间内解决皮肤老化、皱纹等问题，具有及时修复老化角质及修护粗糙表层，提取并淡化色素、美白肌肤的效果。

5、香薰耳烛

"耳烛"来自于古老的印第安民族，上个世纪末在加拿大的华人区开始流行"香薰耳烛疗法"，2002年起在中国大地迅速走红，成为引领美容潮流的新时尚。作为一种在世界各地广泛流行的美容健体方式，它最大的特点是帮助排毒减压，对改善睡眠、调节内分泌、治疗耳鸣和偏头痛、鼻窦炎等有明显疗效。除此之外，它对高血压、胃病患者的病症也有辅助效果。

治疗过程是用一支像空心蜡烛般的耳烛，在较宽的一端点燃火苗，另一端放入耳孔内，通过燃烧发热产生的压力差和真空，利用虹吸原理，吸出耳内污垢，净耳排毒。在做香薰耳烛疗法的过程中，有一套跟中医"耳灸"近似的手法，对耳周进行按摩，其名称颇有几分特别：青龙入云、白虎下山、双凤展翅、猿猴摘果、神龟探海、二龙戏珠、黄蜂入洞、王子登山、公主洗面、将军击鼓。这套手法不仅名字特别，其按摩过程中的动作也与名字十分神似，做完以后，皮肤通常会变得红润细滑。

6、眼部石英晶澈理疗

眼睛是脸上最柔嫩的部分，一不注意就会泄露年龄的秘密。通过各国专家的潜心研究，发现石英是很好的除皱美容品。其内含的超微粒晶矿宝石成分纤维，能促进血液循环，加强新陈代谢，转移脂肪生成方向，释放出神奇的

负离子，可激活细胞，加速再生，幼滑肌肤。

眼部石英晶澈护理，利用特殊精油以及天然紫、粉红、白等三种水晶能量，按摩眼部，抚平细纹，清除黑眼圈，修复眼部周围受损的肌肤，令养分平衡，保持一双明目善睐。

7、迅生睫毛

拥有长且密的睫毛是女性的一大心愿，一些美容院为了满足爱美女性的这一需求，开设了速生睫毛疗法。方法是采用纯天然植物精华提炼的药物涂抹于睫毛根部，配合适当护理，使毛囊自然张开，吸收养分，从而加密加长。

8、瘦脸

当瘦身的热潮还在一浪高过一浪的时候，都市的女人们又开始追求做小脸美人，希望拥有一张娇小瘦削的瓜子脸。虽然和体重相比，脸的形状与大小受到天生因素的制约更多，难以人为改变，但美容科技的不断发展和彩妆技艺的巧妙运用，内外兼修，多管齐下，这已经不是什么困难的事了。

通过美容手术来修整、重塑脸型是最直接有效的手段，针对不同的脸型和要求，可以选择不同的“瘦脸术”，但这是医学美容的范畴，施行的条件要求很高，一般人也难以承受。普通美容院的瘦脸方式多采取仪器+产品或按摩手法+产品来完成，如微电脑瘦脸仪、魔术瘦脸仪、超音波瘦脸仪、瘦脸按摩术、瘦脸霜的配合运用，达到修饰面部线条、紧实面颊肌肉、消除浮肿、使脸部轮廓分明的美容功效。

9、热蜡修眉

爱美是人的天性，远古时期人们将糖涂于面部，用来粘除多余的毛发，以达到面容光洁的目的，这是迄今记载的最早的脱毛方法。现代蜡脱毛法是用于大面积暂时性脱毛的常用方法之一，脱毛蜡分为冻蜡和热蜡两种，冻蜡成本高于热蜡。美容院借鉴热蜡脱毛的方式开设热蜡修眉项目，特别针对眉毛浓密且宽阔散乱的女性，采用此法修过之后生长较慢，易保持形状，解除了浓眉女性的修眉烦恼。整个修眉过程简单快捷，短短几分钟就能修出一双理想的秀眉。美容师根据客人脸型确定眉型，再涂蜡修去多余杂乱眉毛，最后用眉剪或眉钳稍做整理即可。此法与纹眉、绣眉相比，更易操作，且不易伤害到身体，如果不满意的话，还可以重新修改。

10、活离子疗肤

借助专业离子美容机和配套产品，让客人轻轻松松享受全新的美容呵护，是现在的热门美容项目之一。设计独特的离子机滚筒与滚球输出的微电流能激发细胞活力，令含有特殊离子配方的护肤成分迅速渗入细胞，改善肌肤状况，达到美容效果。美容师会根据不同客人的个体特质及需求，选用不同的导入、导出产品，针对要解决的皮肤问题设置疗程功能，配以恰当的电流进行理疗。在一个多小时的疗程中，皮肤表层污垢与油脂被彻底清除，同时获得水分、营养补充，得到更生和润泽，因此呈现出光泽细嫩的健康美。

活离子疗肤是一个完善的疗程，适合任何性质的皮肤，能有效抚平皱纹，平衡油脂分泌，更可全面收紧肌肤，改善肤色，令肌肤恢复亮丽光泽。

11、精油刮痧

刮痧，原本是一种流传于中国古老民间，用以祛病强身的物理疗法，一直以来都

essentielles 100 %
huiles végétales
pression à froid des
fruits, cette huile de
vous aide à
équilibre, à éliminer
nervosité et
toutefois perdre en
100% natural and pure
oils. The vegetable
expression of seeds
oil procures a
and weel-
ing vitality.
L'OCCI
EN PROVE
AROMACHO
Huile de Bain et
100 % naturelles
100 ml
Calming Bath and
AROMACH

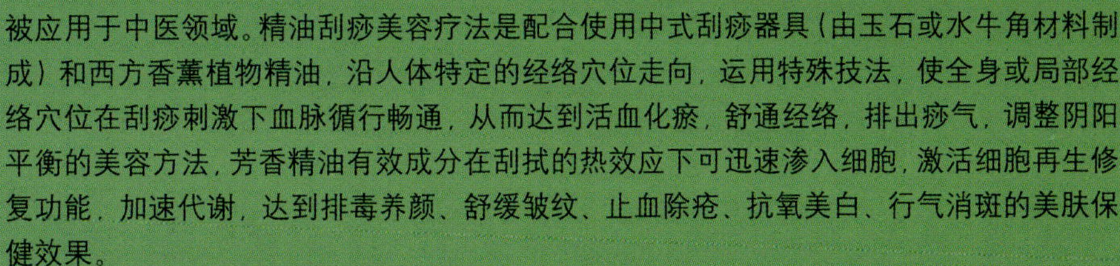

被应用于中医领域。精油刮痧美容疗法是配合使用中式刮痧器具（由玉石或水牛角材料制成）和西方香薰植物精油，沿人体特定的经络穴位走向，运用特殊技法，使全身或局部经络穴位在刮痧刺激下血脉循行畅通，从而达到活血化瘀，舒通经络，排出痧气，调整阴阳平衡的美容方法，芳香精油有效成分在刮拭的热效应下可迅速渗入细胞，激活细胞再生修复功能，加速代谢，达到排毒养颜、舒缓皱纹、止血除疮、抗氧美白、行气消斑的美肤保健效果。

由于精油刮痧属于经络按摩美容，因此在享受面部或身体各经脉穴位按压或刮拭后会有酸胀感，完成后，人们整个头或身体倍感轻松。一般来说，面部刮痧后，皮肤有短暂的红润和发热现象，皮肤会即刻呈现出自然的血色，看上去健康自然。身体后背、颈部刮痧会出现明显的瘀痕，几天后方能消失，这就是所谓的痧。整个过程在香薰弥漫的幽静环境中进行，让你身心轻松，倍感舒适。尤其是身体刮痧已融入ＳＰＡ疗程中，桑拿、沐浴一番后，进行精油按摩，刮痧排毒，既有健身美容的功效，还使身体得到了彻底放松。

12、香薰疗法

作为一门科学和艺术，香薰治疗植根于四五千年前的古代文化中。随着天然植物美容热潮的兴起，已有几千年历史的精油香薰，再度跃升至美容业的核心位置。所不同的是，它不再以原始风貌出现，也不再身披神秘的面纱。植物精油是使植物具有芳香气味的浓缩物质，这些物质可以从植物的各个部分提炼出来，包括根、茎、种子、叶和花等等。科学表明，只有5%的植物能够提炼精华油。如今，凭借现代高科技提炼技术，精油香薰已成为当今最为时尚的美容护肤品主角。此疗法介于美容护理与医学治疗之间，具有一定疗效，它主要是利用纯天然植物油的芳香之气和疗效，以特殊的按摩手法，经由嗅觉器官和皮肤的吸收，到达人体细胞，发挥效用，将人的情绪、心理及生理调整到一个正常状态，从而改善体质，美化容颜。

芳香美容按摩手法包含了淋巴引流、神经肌肉按摩以及穴道指压三种手法，以稀释的香薰油按摩，能促进血液循环，令皮肤光滑柔嫩，对各类皮肤均有帮助；在面膜中加入几滴香薰油，更有助于面膜功效的发挥，可以改善暗疮、面油过多、干燥、枯黄、皱纹等问题。由于香薰油的活跃成分渗透力甚高，可深入真皮层，因此只要选择适当香薰油，都有助细胞自愈能力和排毒功能。

13、热石理疗

石头为大地之母，石疗在人类发展过程之中由来已久，是一种既古老又年青的疗法。一度在欧美、日本、南亚等地颇为流行的热石美容，2003年首先在广州的一些大型美容中

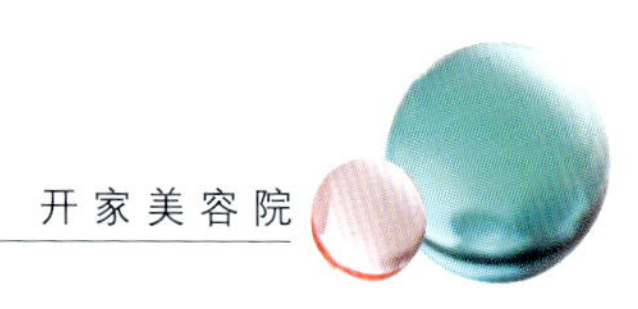

心落地开花，成为ＳＰＡ的经典项目。这种新型的按摩法不仅能使肌肉放松，更使顾客倍感舒适、自然。而配合芳香精油的热石疗法，可借着矿石本身的传导功能，透过美疗师的手法，滑压身体各个部位，活络经脉，籍以修补人体长期耗损之能量，加强血液循环，减轻肌肉僵硬度和酸痛感，使身心完全放松、健康。

为达到专业疗效，每一位美疗师必须先接受专业训练，获得授权后才可以对客人开展服务。操作时首先根据客人不同体质调配芳香精油，配合意大利专业美复方协同精油，再将沸煮温度达60℃的热石排成两排，置于脊椎两侧，根据身体的能量点放上热石，在颈椎、腹腔、双掌、脚趾放上热石，然后美疗师用被精油浸泡过的热石按摩身体，通过深层的热传导方式，把热力源源不断地输送入体内。当温润的石头滑过肌肤时，精油迅速进入体内，可感觉到一股暖流深入皮下，舒顺全身的气场、淋巴和血液循环，放松原来紧绷酸痛的筋骨肌肉，释放压力，恢复活力。此类疗法融合了中医养生，结合最新美香薰精油和特殊按摩方法，特别适合冬天血液循环不好、手脚冰凉、虚寒体质的人使用。

14、巧克力美肤

做巧克力美容，带着巧克力的奶香走出美容院，你听说过吗？提起巧克力、椰奶、柑橘这些美味，总让人垂涎欲滴。把这些美味涂抹在身上，又会是什么感觉呢？这种源于夏威夷，颇受热带女孩青睐的美容方法，2003年在上海十分流行。巧克力美容疗程中除了使用巧克力外，还会用到其他天然食品如橙皮、椰丝、牛奶等，而且还需掌握专业的调配技巧。美容师将调配好的巧克力美容品涂抹于客人身上，用手和软毛刷一边按摩一边来回搓擦，去除肌肤表层死皮，巧克力的香味透过毛孔渗入肌肤，不但使肌肤散发出迷人的巧克力香，而且触感十分柔嫩光滑。

15、玫瑰花浴

作为ＳＰＡ经典课程的水疗，常结合水、鲜花、海盐、牛奶、药草、海藻等护肤元素，让客人躺入特制的水疗缸、水疗池或大木桶浸泡身体，帮助美化肌肤，减压去乏，以玫瑰花瓣浴最为多见。被称作“美人浴”的玫瑰花浴是这一两年来的热门美容项目之一，大凡有一定规模的美容院，都上演过“鲜花美人相辉映”的“好戏”。将身体浸入漂满玫瑰花瓣的大木桶或大浴缸，在芳香四溢中享受花瓣对肌肤的亲抚，大约３０分钟后，肌肤毛孔全部张开，四肢百骸尽情舒展，身心备感惬意。玫瑰花浴不但能加速血液循环，还能滋润、美白肌肤。

16、死海泥疗

用含丰富矿物质和微量元素的死海泥涂抹全身，与特制的泥疗缸相配合，达到放松肌肉、深层清洁毛孔、滋润美白肌肤的美容功效。通常在ＳＰＡ疗程中完成。沐浴、桑拿、去角质后，涂抹上用精油、矿泉水、矿泥、海藻精华等物调配而成的泥膜敷裹身体或面部，约２０分钟后清洗。死海泥的特殊孔状结构具有超凡的吸附能力，能吸附皮脂分泌的多余油脂及毛孔内不洁物，从而平衡油脂分泌，改善毛孔粗大、粉刺等问题肌肤。

17、淋巴排毒

现代社会繁忙的生活，让一般女性养成缺乏运动的习惯，容易造成身体循环不良，使体内毒素积聚，直接影响身心健康。淋巴排毒是目前最有效的排毒方法之一，该方法可以作用于身体不同的组织系统上，就神经系统来说，可以刺激副交感神经，达到镇静及松弛效果；就免疫系统而言，可增加淋巴液的流动，以排除体内毒素，增加抵抗力；它还能调节组织间液的平衡，疏导过多的组织间液，减低水肿的程度，也可以将微血管无法吸收的蛋白质和脂肪带走，以免囤积在体内，造成肥胖！

淋巴排毒技术不能和一般的按摩术混为一谈，必须顺着淋巴的流向慢慢推压，其要领是必须正确地找到淋巴管和淋巴节的位置和液体的流向，施行时要求肌肤必须和肌肤接触，在接触时要和身体运动节奏契合。操作时，因为触感很轻微，所以在开始的时候顾客会感到不太满意，但最后会感觉身心非常舒适。这套源自医学疗法的技术，主要采用推压、滑按等动作，结合芳香精油，顺着淋巴系统的主要循环路径施以轻压、推按，刺激人体头、面部及全身的淋巴系统，加强淋巴循环，促进新陈代谢，将皮肤从大量皮脂、脂肪、污垢中解放出来，及时排除沉积于体内的毒素。护理后，皮肤变得极其细腻、平滑、紧绷，面部显得格外清新；同时还能放松紧张的神经，使身体获得新的能量，让肌肤焕发出健康光泽。

淋巴排毒最适用于解决水肿性肥胖。水肿性肥胖者只要刺激淋巴循环系统，将毒素排出体外，便可达到减肥的效果。

18、卵巢保养

这是近年美容热门项目中的一大代表性项目，以其全新的理念很快在全国各地普及开来，成为美容院招揽顾客的有效方式。该方法将专用保养香精油与独特按摩手法相结合，刺激腹部诸穴位及子宫反射区，激活卵巢分泌和吸收功能，让有效精油分子迅速渗入体内，循行于人体经络中，刺激下丘脑，促进女性荷尔蒙的分泌。同时配合远红外线的理疗功效，可以达到活血化瘀、促进盆腔血液循环、温补强化的作用，从而对卵巢进行保健和养护。

尽管到目前为止卵巢保养还是一个有争议的项目，但是有相当部分的消费者仍然趋之若鹜。在这里，要提醒大家的是，开设这样有争议的项目，一定要随时留意其专业化进程，了解最新的科研动态，及时用科学的成果调整经营项目。

19、经络排毒开背

由台湾传过来的经络排毒开背术，在一些美容健身中心被广泛运用。该方法使用含有杜松子、薄荷、鼠尾草、甜没药、尤加利、玫瑰、紫荆等成分的活络精油，配合独特开背手法，进行松筋开背按摩，以促进血液循环，舒解精神压力，消除疲劳，紧实皮肤，改善睡眠。

20、巴厘 LULUR

这是一种来源于印度尼西亚巴厘岛的LULUR美颜美体疗法，于2002年上半年率先在广州兴起，以其浓郁的异域特色吸引了众多追求生活品质的女性。此疗法曾为印尼皇室贵族女性所独享，印尼皇室贵族女性在出嫁前40天，以祖传秘方LULUR法进行全身美化，使天然香味浸入体内，以确保出嫁当天拥有经久不散的甜美体香和丝缎般柔嫩细腻的肌肤。这种美疗法让都市时尚女性着实过了一把贵族瘾，当身体敷上由郁金根粉、檀香、坚果碎粒及香料混合而成的LULUR粉，置身于充满南亚风光的美容空间时，恍惚间你也成了一位公主。

21、足疗

足部按摩是中医学的重要组成部分，距今2000多年前的经典医著《黄帝内经》中就详细介绍了全身的经络和腧穴，其中有许多是足部的穴位。《黄帝内经》还详细介绍了经络、穴位与五脏六腑的关系，指出脏腑有病可以通过经络反映到体表穴位，根据不同穴位的症状，可以推断

相关的脏腑功能出现了何种问题。

足部穴位可反映并提示治疗全身多种疾病，通过对足部进行按摩、针灸等治疗，相应的内脏功能紊乱可以得到纠正，使人体恢复健康，减少疾病发生，起到保健延年的作用。从2002年起，各种足疗保健中心几乎是顾客盈门，生意火爆。把一双受尽“委屈”的脚放进漂浮着花瓣的木盆，通过浸泡以及浴足师的保健按摩，刺激足部穴位，促进血液循环和新陈代谢，调整人体生理机能，提高免疫系统功能，可以达到防病、治病、保健、强身的目的，并对预防及改善腿部静脉曲张有相应效果。

22、美甲

将美丽延伸到指甲和趾甲，是现代女性的时髦主张。为指甲、趾甲上油描花，十指（趾）丹蔻，既能美化手形、足形，又能增添别样风情，使美甲的女士更显十足女人味。各城市的美眉们乐于在这上面大做文章，水晶甲、彩绘甲、丝绸甲掏空了美眉们的腰包，可把美甲店老板们给乐坏了。

23、物理丰胸

在一个做女人“挺”好的年代，不用开刀、副作用又小的物理丰胸开始流行。许多不愿做隆胸术的小胸女人把目光投向了美容院，希望借助美容丰胸仪、丰胸产品及美容师的手，圆自己一个丰胸梦。美容院常通过手法技巧按摩，运用仪器及产品来重塑女性胸部曲线，因其无副作用而深受广大女性欢迎。但是它需要一个疗程接一个疗程来进行，以维持效果，所以花费的时间长，效果也没有手术整形那么明显，但是这种方式有一点是很吸引女性的，那就是绝对安全。

24、乳晕漂红

中年女性因年龄增加，生理机能衰退，人体黑色素细胞受到黄体激素的刺激，体内黑色素大量分泌，乳晕大都会由粉色经由暗褐色而慢慢加深，最后变为黑色。红润娇嫩的乳晕是年轻女性的标志，为了证明自己还年轻，一些中年女性对乳晕漂红情有独钟。乳晕漂红术通常使用药物漂剂涂抹，略施按摩，恢复乳晕红润娇嫩。

25、美臀

性感歌星凯莉·米洛的美臀被视为人类美学遗产，很让人羡慕。在这个挺着浑圆美臀招摇过街的时代，大小适中、紧实浑圆、略微上翘的美臀总是引人注目的焦点，因为它使得女性身材更显凹凸有致。越来越多的爱美女性开

始重视臀部的美丽和保健问题，美容院针对这一消费需求开设了臀部护理。由于臀部最易堆积脂肪和角质，出现松弛下垂及粗糙现象，美容师采取去角质、敷膜、按摩等方式美化臀部，使臀部肌肉更紧实，肌肤更滋润柔嫩。

26、肾保养

卵巢保养的争议还没有最终定论，肾保养再度引起了美容界的注意。

中医认为，肾就像一个总司令，掌管生长、发育、生殖、调节二便、生髓造血等功能。肾功能的好坏直接影响人体各系统的健康，而人的年龄、生活习惯等也会影响肾功能。肾功能降低对人体的影响极大，具体有以下几方面：

◎容颜：肌肤干燥无光、衰老、皱纹满布、黑眼圈、黄褐斑、面色皓白，严重者面色发暗、头发枯黄易断；

◎身体：腰膝酸软、骨质疏松、头昏、耳鸣、毛发稀疏、贫血、肢冷、牙齿松动、水肿；

◎女性：经量少、月经不调、色暗有血块，子宫虚寒、手脚冰冷、足跟痛、性冷淡；

◎男性：阳萎、早泄、性功能下降、免疫力低下。

肾保养疗法应用保健精油，配合相应的专业手法，依据经络学对人体背部、腹部及下肢进行取穴刮痧，通过滋、补、填、固，可以全面调节改善各种肾虚症状，保持肾脏阴阳平衡，护肾强肾；增加皮肤光泽度，健发养发，保持青春容颜，有效延续衰老，推迟绝经期；减少体内蛋白质、微量元素从尿液中流失；有助于排出身体多余的水分和毒素；全方位调节各个脏器的功能平衡，提高机体免疫力，增强抵抗力；缓解紧张状态及压力，达到振奋心情、提高信心、养颜抗衰的功效。

27、穴位减肥

减肥是女士们私下里说不完的热门课题，也是众多女士保持完美体态而努力奋斗的目标。在试过各种各样减肥产品后，大家又把眼光投向了穴位减肥法。穴位减肥运用中医传统手法，对人体经络系统的重点穴位进行推拿、按摩、指压，并配合纤体产品及仪器进行穴位贴片，打通经脉及淋巴，加速脂肪的代谢和分解，以达到减肥目的。

四、美容院发展新趋势

中国的美容化妆品行业内部有条泾渭分明的线，以商场、超市、批发为主要销售渠道的叫日化线产品；以美容院或者专业店为主要销售渠道的叫专业线产品。前者主要靠大媒体广告推动终端销售，且功效不强；后者的特点是价格高，功效强，终端广告很少，主要靠口碑营销。

目前，社会上现有的美容院按形态定位不同，一般可分为发廊型、沙龙型、治疗型、休闲型、享受型等几种类型，按规模不同可以分为社区美容院、大型综合美容院、超大型豪华会员制美容院。对于投资人来说，开一家什么样的美容店，对其经营发展是至关重要的，也是投资者事先要反复考虑的，因为这关系到美容院今后的持续经营。根据投资人自身的资金、经验、人力、环境等资源状况，选择最适合自己的美容院形式，将是成功的第一保证。考察美容行业发展态势，美容院有下列三种未来走向是值得投资人特别关注的：

1、资本运营的美容院

近些年来，国际大集团全面展开对中国大市场的进

攻，一举收购国内知名化妆品品牌“小护士”、“羽西”；而索肤特借壳上市，五粮液集团斥巨资生产洗发水，更使资本运营的风潮盛行于日化线，这一切令专业线市场也不免风声水起。但是由于多年来专业线的竞争极不规范，国内还没有形成一个强势的专业线品牌，并且不具备上市或者收购的前提，因此专业线的资本运营还处于萌芽阶段。

但是，由于美容行业地位不断提升，市场显现空间日益加大，一些业外资金纷纷开始持币观望，寻找机会进入。重庆的一小时美容连锁机构，挟先进的经营理念与业外资金强势进入，吸引投资者加入连锁。在该连锁机构，所有投资者不参与经营管理，公司和投资人每天进行利润分成，以保障投资人利益；投资人可根据出资大小，决定开设加盟店的数量，所有加盟店一律实行网络管理，投资人可以随时上网查看当天该店的营业收入情况；如果在6个月内，对加盟店的经营业绩不满意，该公司全额回购该店，保证收回全部投资。这种加盟店不同于我们通常意义上的缴纳一定加盟费，自己经营管理并承担风险的加盟店，而是由公司对投资资金全权负责，统一经营，统一管理，免去投资人的所有风险。为保障成功，该机构汇集国内一流的美容专家及经营管理专家，为加盟店的良性经营提供有力的保障。在短短的一年内，该公司凭借良好的资信及先进的网络规范化管理，迅速获得优势竞争力，使其个性化的品牌美容院花落山城，并逐步向国内其他大城市延伸。

这种由“外行”投资、“内行”管理的模式，可以最大限度地提升美容院的规模、品牌和管理水平，符合大多数消费者的需求，符合美容行业的发展趋势。而那些既无经营特色，又无大资金介入的美容院很快会面临发展的瓶颈。

2、主题美容院

如今的消费者可谓越来越挑剔，因为可供她们选择的空间实在太多。由于服务项目存在差异性，消费存在差异性，因此，任何一家美容院都无法提供所有的美容服务，并将所有消费者一网打尽。将众多的顾客进行细分，并且瞄准某一细分市场，为她们提供适合她们需求的服务，将是未来美容院发展的重要方向。主题性美容院就是这种美容院中的一种，这种美容院就好像现在颇为流行的主题酒吧、主题餐厅一样，只提供几种美容服务项目。主题性美容院虽然提供的服务项目数量不多，但是在服务的专业化程度及服务质量等方面，有着其他美容院无法比拟的优势。这种有独特个性的美容院，能够满足顾客差别化服务的需求，所以有很大的市场发展潜力。NB 自然美的生活馆，就是一种主题美容院。

主题是一种主张，一种个性，主题美容院需要赋予美容院与人一样的不同性格，以此招揽顾客。将主题这一概念引进美容院的成功关键，在于持续的执行力，以及所提供的服务是否能满足该主题的要求。如果一家“回归自然美容院”，有很多不符合自然环保的产品，顾客还会来第二次吗？所以，主题美容院的生命力在于经营者是否将每一个细节都融入所倡导的主题之中！

3、专柜式美容院

目前大多数美容院获取利润的方式是以收取服务费为主，在国内人力资源充足的大背景下，这种经营方式的赢利能力是相当低的。

为了提高美容院的赢利能力，许多美容院逐步将业务重点向美容产品销售倾斜，即既提供美容服务，又出售美容院的专用美容产品。由于美容院线产品结构的局限，场地的局限，销售方式的局限等，美容师往往费了很大的力气，才卖出有限的产品，而附带产品销售的美容服务，往往会受到顾客的质疑。

日化企业竞争日益白热化，商场专柜巨额的租赁费用压得经销商们喘不过气来。有日化企业的经销商，通过派专业人员进驻美容院，在美容院开设产品专柜，获得了不小的成功。而绝大多数消费者在进了美容院后，还是愿意买一套方便在家中使用的产品的。日化企业在美容院销售产品，美容院亦获得相应收入，并且可以留住大量顾客，获得意想不到的收益。

这种由日化企业和美容院捆绑起来的专柜式美容院与以前流行的前店后院有些不同。前店后院顾名思义就是前面卖化妆品，后面做产品的售后服务，例如雅芳专卖店就是比较典型的前店后院美容院。而专柜式美容院则是将日化企业的产品在美容院内设单独的专柜销售，这种业态既减小了日化企业经销商的场租压力，又丰富了美容院的经营范围，未来将有很好的发展余地。

丝国际美容连锁机构
锦里西路
8

第二章

创业筹划

无论投入的大小，了解创办美容院的各项准备事宜，理清思路，为自己做一份创业事务计划，可以令纷繁的工作条理化。

美容业被公认为是低投入高回报的行业，因此很多人都想要开办美容院。可是，在他们实际经营的过程中，却发现许多问题是他们没有预料到的，许多很好的想法都无法顺利进行。问题到底出在哪儿呢？

其实，无论是开店还是投资，都不能抱着“走到哪儿黑就到哪儿歇”的心态，成功绝非偶然，开业前周密的筹划是防患于未然的基本措施。

一份详尽、完整的规划书，能够使你清楚自己的能力和处境，同时也可看清自己的盲点，更能令你弥补自己的不足，从而使你的美容事业更上一层楼。

做好创业筹划，用战略的眼光设计自己未来事业的发展，能够使你从一开始就有一个很高的起点和良好的开端。

一、计划阶段应完成的事项

1、征得家人的同意

因为你所面对的是一项耗时，且精神和体力都绷紧的事业。在美容院经营期间，你不可能有太多的时间陪伴家人，你所面临的财务负担也可能意味着在短时期内，你和家人的生活水平会受到影响。如果他们都能体谅并支持你的话，那么面对这些压力时，你也就不至于那么难过了。

2、筹措资金

投入资金的多少与店面大小成正比。创业开店最基本的前提就是经济基础，“开门七件事，柴米油盐酱醋茶”，所以在开店之前一定要有足够的创业资金。

你的美容院总投资可以是三五万元，也可以是几十万元，甚至上百万元，不管投资多少，一般说来，创业投资主要包含以下几部分：

开店的各种手续费；三个月的店面租金；店面的装修费用；购买仪器设备的费用；首批进货（美容用品）的费用；少量宣传费用（视店面大小具体而定）；足以支付两个月的人员工资、水电费用；少量的不可预计的费用（视情况而定）。

以一个开在中等及以上城市（特区、直辖市除外）、居民生活区的普通、中档、生活美容院为例：

营业面积：80平方米，6张美容床；

办理证照费：各地不同；

三个月租金：3000～4500元；

店面装修：1.5万元以内；

设备设施费（美容床及床上用品、多功能美容仪、蒸汽仪、消毒柜等）：5000元，部分设备由厂家配送；

美容用品：5000～15000元；

宣传费：1000元（印制DM单或做简单的宣传展架）；

4～5个人工资及水电费（两个月）：7000元；

不可预计费：2000元；

总预计：5万元以内。

若自备资金不够的话，就要考虑借贷。一般说来，开店的自有资金最好是在所需资金的50%以上，这样才能避免因为偿还债务而产生的巨大压力，其他所需资金可以通过向亲友借贷，或向银行申请贷款。

借贷时，应该仔细考察自己的借贷条件和还货能力，根据情况确定借贷金额，避免今后自己的美容院陷入债务中不能自拔。通常中小型美容院设施投资费用（装修及产品除外）平均每位服务人员为2000元左右。

美容院可以通过独资的方式设立，如果有较大的资金压力，也可以考虑与朋友合伙经营，如设立有限公司或股份有限公司。创立合伙型美容院，应该与合伙人就有关合伙事项特别是管理权限、利益分配等内容订立明确的合同，以免合伙人在今后的经营过程中发生矛盾，导致经营大起大落。

为了使自己的美容院尽快盈利，要先设立经营目标，根据目标计算出损益平衡点（就是成本和营业额相等的点，每个月的营业额只有超过该点，营业店才能赢利，以免亏损，也就是说损益平衡点是营业额的底线）。精确计算营业额，可以帮助营业店有效地施行销售计划和控制成本。

3、学习相关知识

不论是在提供美容美发服务，还是在经营事业的过程中，相关知识和经验都是非常重要的。为了使你的事业获得成功，你首先必须熟悉美容业中各项服务的理论和实际操作技巧，充分了解服务项目的每一个步骤、细节和原因，掌握所使用的各种设备、货品和材料。

绝大部分的美容院经营者，特别是小型美容院的老板，大都是从美容院做工开始的。而做工和经营完全是两回事，所以你还应对经营美容院的各种知识有相当的了解，比如经营管理的原理、财务管理、人事管理、销售技巧、法律知识等等。

4、人力配置分析

美容院的员工配备必须根据经营场所的范围和大小来确定，经营场所必须有足够的空间，以满足服务人员的操作及走动方便。一般来说，美容院的经营场所包括：客人接待区、服务操作区、收款区及仓储区，每位服务人员所占实用空间以6～8平方米较为适宜。

美容院规模有大小之分，所以在人员配备上差异较大，市场上很多"迷你型"美容院，仅3～5个人就够了。但有一定规模的美容院，则需具备下列人员及分工：

主要职位	典型职责
店长	负责美容院的经营管理事宜
美容师	负责专门的技术服务
财会人员	负责美容院的财务收支，可兼做咨询接待员
后勤人员	负责设备、产品的选购、添置及美容院的卫生安全工作

5、编制计划

也就是通过对以上几项内容进行整理和分析，编制出一份合适的计划。有计划的经营是成功的一半，事前的准备越周详，创业开店成功的机率就越大。

有计划的开始你才能有效地控制你的店，让它为你赚钱，逐一完成开店的目标。下面列出一家美容院的"生命周期表"，提供给你作开店参考，你可以依据自己的实际情况灵活运用。希望有助于你了解一家美容院的发展规律，作出合理的开张计划来。

生命周期	特征	战略
创业期	同业少 竞争低	应采取"攻击型" 主动、团队佳 成功率高
成长期	生意稳定 竞争店增加	应采取"活性化型" 创佳绩，员工店主看见成功 更积极培养人才
成熟期	一成不变、滞销 主管、员工大意	应采取"重视销售型" 周边利益、客源、生产力、消费值
衰退期	利益管理重于扩大销售 顾客、员工流失 主管无奈	应采取"重视利益型" 手法更新、店铺更新、经营更新 第二春计划

二．为你的美容院办理相关手续

只有获得政府相关部门的许可，你的美容院才具备合法存在的基础，因此有些手续是必须在开业之前就要办理的。一家新的美容院开张需要申请办理的手续比较多，着眼于美容店的长远发展，以下这些手续千万不要省略：

1、到工商行政管理部门申请办理营业执照

由于经营主体有个体户和私营企业之分，所以登记手续也稍有不同。

个体户开业登记的一般程序：

申请 —— 申请人持文件、证明向户籍所在地或经营场所所在地的工商行政管理部门提出申请，并提交申请书和下列证明、从事美容行业的资格证、上岗证等

↓

受理 —— 经工商行政管理部门的初步审查，对符合规定的予以受理

↓

审批

↓

发执照 —— 当全部审批结束后，申请人缴纳一定的登记费用，工商行政管理部门即向申请人颁发营业执照

私营企业是指生产资料和企业资产属于私人所有的营利性经济组织，一般分为有限责任公司、独资企业和合伙企业三种形式。私营企业开业登记，是指私营企业筹备工作就绪后，依照国家法

律、法规向登记主管机关申请在某一行业从事生产、经营活动，办理正式的营业登记。其开业登记程序为：

在工商行政管理机关咨询，就人员、经营范围、登记主管机关等取得初步意见

向登记主管机关提交股东身份证明、委托书等必需的文件、证明

⇩

登记主管机关受理后进行审查、核准，10日内作出核准或驳回的决定

因为私营企业开业登记手续较为繁杂，故应提交的文件也比较多。

◎申请人身份证明。独资企业申请人是投资者本人，合伙企业申请人是指合伙人推举的负责人。凡是申请开办私营企业的人员，必须出具居民身份证，并根据自身情况提交如下证件：

城镇待业人员应提交营业执照；辞职、退职证明；离退休人员应提交离休、退休证；停薪留职的科技人员应提交停薪留职协议书和资格证书；符合国家和省人民政府规定的其他人员，应按规定提交有关证明。没有领发居民身份证的农村村民应提交户籍证明。

◎场地使用证明。

自有私房应提交房产证明；租用房屋、场地应提交房屋场地租赁合同、有关房地产证明及管理部门许可使用证

明；使用土地应提交土地管理部门的批准文件。

◎验资证明。

◎《企业名称预先核准通知书》。

◎应提交公司章程及董事长、董事、监事等任职文件。

◎开办合伙企业，需提交合伙人的书面协议。合伙协议应载明以下事项：

合伙企业的名称和主要经营场地的地点；合伙目的和合伙企业的经营范围；合伙人姓名及其住所、合伙人出资方式、数额和缴付出资的期限；利润分配和亏损分担办法；合伙企业的解散与清算；违约责任等。

合伙协议可载明合伙企业的经营期限和合伙人争议的解决方法。合伙协议须经全体合伙人签名、盖章后生效。

2、到银行开户

经营者将所拥有的资金存进自己选定的银行并开设银行账户。

3、办理《法人代码证书》

根据现代化管理的需要和保护企业法人的权力不受侵犯，经营者还需到当地技术监督部门或有关部门办理《法人代码证书》。

申领组织机构代码证书时，企业须提交由工商部门颁发的营业执照，携带单位公章、法人代表（负责人）和经办人的身份证、上一级主管部门的代码证或复印件。

4、到税务局办理税务登记

◎个体办证者携带本人身份证原件，到税务分局领取并填写《个人税务登记表》，附带工商执照副本原件，到“税务登记”窗口办理税务登记手续。

◎企业办证者携带营业执照副本及企业全国统一代码证、法人证书及企业公章，到地方税务局领取填写《企业税务登记表》，领取微机编码及纳税专户账号。再带《企业税务登记表》及上述附属资料到市局办证所办理税务登记手续。

5、到卫生防疫站办理卫生许可证

◎组织员工到所在地的卫生防疫部门进行身体检查，以办理个人健康合格证。

◎企业向卫生防疫部门提出申请，办理卫生许可证。

6、到物价部门办理收费许可

7、申请开业登记表

办完以上手续后，标志着一家企业所需的各职能部门的批准已完成，即可到所在区的工商行政管理局办理《个体工商户申请企业登记表》，准备择日开业。

开办一个美容院，手续是否显得有些复杂？当然，这是完全凭借经营者自己一手操办的过程，如果想省事，你可以寻找专门的经纪商务公司来承办此项程序繁杂的工作，由他出面全权代你处理以上事宜。

第三章

市场调查与经营定位

一切经营活动都要建立在市场调查的基础之上，只有这样，你才能了解竞争市场和消费市场状况，清楚自己处于一个什么样的环境中，如何在市场中寻找机会，更大程度地发挥自身优势，避免出现投资和经营失误。

一、市场调查的基本原则

市场调查是一种了解市场特征，掌握市场变化趋势的手段，是一种科学的态度，而不是凭经验和主观臆测。

市场调查活动通过设计、调查、整理和分析资料，为企业生产和经营决策提供正确的依据。它必须遵循以下原则：

◎准确性原则。即调查资料必须准确、真实地反映客观实际。

◎时效性原则。进行市场调查要充分利用有限的时间，尽可能在较短的时间里搜集最多的所需资料和信息，避免调查工作的拖延。

◎全面性原则。要依据调查目的，全面系统地收集有关信息资料。

◎经济性原则。要选择适当的调查方法，争取用较少的耗费获取更多、效果更好的资料。比如有些市场调查可以通过走访形式，有些则需要问卷调查。

市场调查是一个复杂而细致的工作过程，在市场调查中建立一套系统科学的程序，是使市场调查工作顺利进行，提高工作效率和质量的保证。一般说来，正式的市场调查大体上可以分为三个阶段（见下图）：

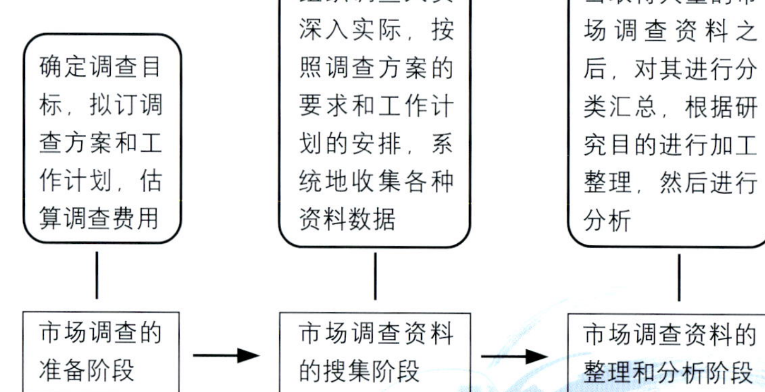

二、市场调查的主要内容

市场调研是创业成功的前提条件，美容院市场调查的主要内容包括：收集竞争情报，考察交通流量，分析统计资料等。

进行市场调研的方法很多，最简单可行的方法就是把自己当做“普通顾客”，按照事先画好的路线图，走访附近比较有名的美容美发店，通过亲自感受他们的服务，以及和经理、店员、顾客聊天，收集第一手的投资和经营信息。

1、收集竞争情报

你应该主要从服务项目、价格、顾客量等几个方面进行考察。

例如你可能会发现该区域中的美容院所提供的服务只有一种，而你要提供的服务除了这一种外，还有他们所没有的服务项目。在其他美容院没有的服务项目上，他们并不是你的竞争对手，但是相对的，你也必须注意到，这些服务项目可能并不具有消费潜力。

竞争店营业情形调查示意图

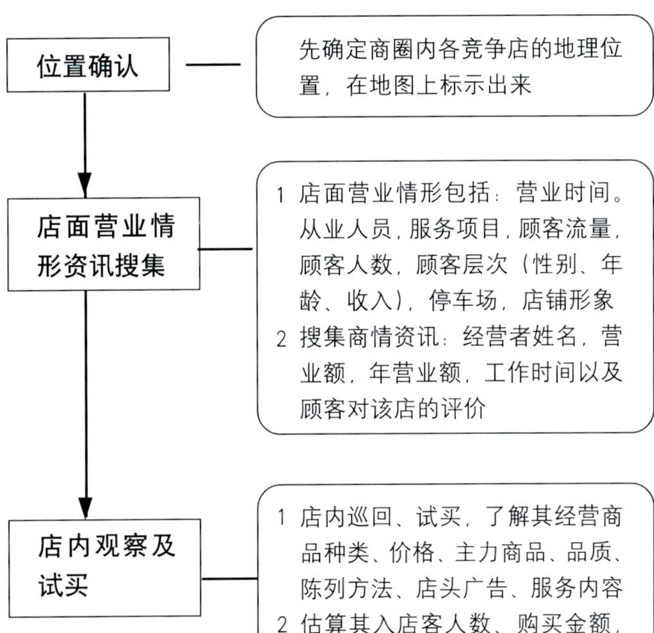

2、考察交通流量

通过对这一内容的调查，可以了解该区域内美容美发业的发展状况、客户的类型、年龄群、她们的品位以及她们喜欢的服务项目，从而为以后的经营决策提供依据。

考察交通流量流程图

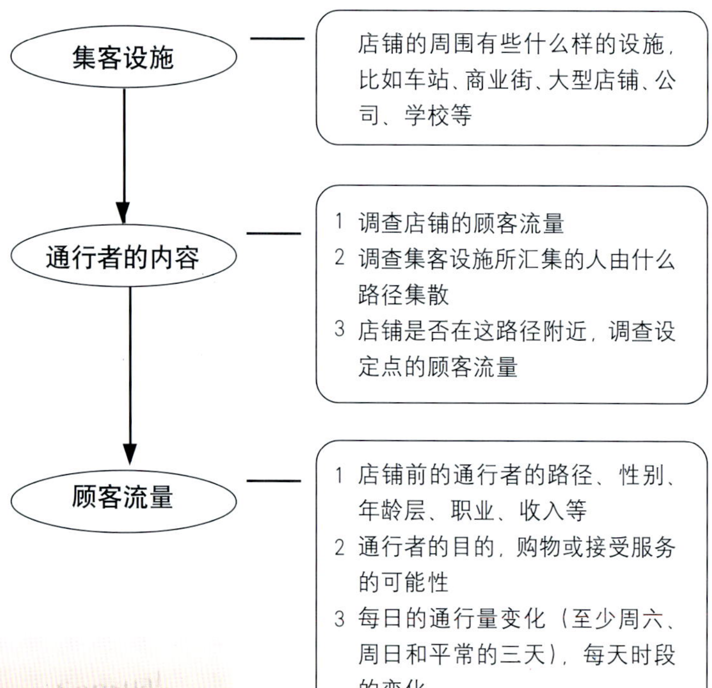

3、客户分析

即对在此区域内生活、工作并和你息息相关的人的分析。通过这项内容，可以了解哪些人会成为你的潜在顾客，她们的特点、要求是什么。

同时你也可以根据事先设定的顾客群来进行调查，例如：你觉得理想的顾客群应该是年龄在24~38岁的女性，注重外表，属于白领阶层的上班族。

然后调查在区域内有多少人符合你的希望，若本区域内没有足够的顾客群来支撑你的事业，那么你得将经营的范围扩大，或是将所设定的顾客群的范围加以放宽。

附录　阿枫美容美发“市场调查”纲要

一、调研的主要内容

商圈调查（调查商圈范围内的集客设施、顾客流量、竞争情况、消费者居住条件）；

消费者调查（对美容美发的认知、需求及其消费心理、消费习惯、消费行为调查）；

竞争对手调查（主要竞争对手营业情况、营业面积、顾客流量和顾客层次以及消费者对竞争对手的评价等）；

媒体调查（目标消费群对电视的收视习惯）。

二、调查方式

1. 消费者调查采取定向与随机调查相结合的方式：

①.选取经甲方确认的20名目标消费进行定向调查；将需要调查的问题与相关人员召开座谈会。

②.在商圈内对出入各小区的目标人群采取拦截式随机调查。

③.将随机调查与定向调查的结果进行分析并进行方向性确认。

2. 竞争对手采取店内观摩和评估的方式。

3. 商圈调查仍然采取观摩和评估的方式进行。

商圈调查表

对商圈的调查以门店500米范围内为半径划圆，在这一个圆圈内为中央商务圈；500～1000米范围内为次级商务圈。通过观摩将了解以下信息：

	调查项目	中央商务圈	次级商务圈
消费者居住条件	有几个住宅小区		
	常住人口有多少		
	流动客源情况		
	目标消费人群有多少		
竞争者情况（对主要竞争对手进行逐一调查	集客设施有哪些		
	交通是否便利		
	停车是否方便		
	所处的商圈位置		
	可能的固定消费群		
	经营状况		

竞争对手调查表

在商圈范围内，以单一门店为标准，采取观摩和实地考察相结合进行调查。

竞争店名	店一	店二	店三	……	店N
规模及营业面积					
从业人员情况					
店面形象					
经营范围					
服务项目					
日均客流量					
日均营业额					
服务价格					
顾客层次					
主要经营品种					
消费者的评价					
营业时间					

消费者调查问卷

你好！我是***市美容美发行业协会的一名市场访问员，占用你几分钟时间，完成一份市场调查。可以吗？谢谢你的合作！

甄别部分

1、请问你及家人是否经营过美容院？　　没有（继续访问）；有（停止访问）

问卷部分

2、请问你有经常光临的美容院吗？　　A、有　B、没有（跳问第5题）

3、你经常光临的美容院是哪一家？

4、请问这家美容院最吸收引你的地方在哪里？

5、你每月一般要做几次美容？

A、一次；B、二次；C、三次；D、四次；E、没有准确时间，想什么时候去就什么时候去

6、你每次美容的时间一般是什么时候

A、中午12：00～2：00；B、早上10：00～11：30；C、下午3：00～5：00；D、晚上8：30～12：00

7、你每次美容后间隔的时间一般是多长？

A、5天；B、7天；C、15天；D、30天；E、没有时间规律，凭意识

8、你做美容的目的是为了

A、美白祛斑；B、皮肤保养；C、美体瘦身；D、SPA香薰、E、减肥；F、丰胸；G、保湿

9、你每个月用在美容美发方面的资金大概是多少？

A、500元以下；B、500～800元；C、800～1000元；D、1000元以上

10、在你心目中美容美发应该是怎样的？

11、请问你在选择美容院时主要考虑以下哪些因素？

A、价格适中；B、项目齐全有保障；C、服务到位；D、装修考究有品味；E、能根据个人皮肤情况提出适合的美容美发方案；F、能提供一些时尚杂志和会员聚会；G、其他，请列举

12、当美容师在为你做美容时，你希望美容师怎么做？

A、与我作一些轻松话题的交谈；B、跟我讲解一些有关皮肤保养的知识；C、跟我聊天；D、美容师什么话都不要说，让我闭目养神。E、如果我不与美容师主动谈话，请不要打扰我

13、如果有新开业的美容院与你常去的美容院档次差不多或更好，你会去吗？　　A、会（　）　B、不会（　）

14、你喜欢美容院离家近还是在闹市区？　　A、离家近（　）　B、闹市区（　）　C、无所谓（　）

三、建立美容院的竞争平台——定位

在市场竞争日趋激烈的今天，市场行情可以说是风云莫测，瞬息万变，作为经营者来说，任何努力都是为了以最小的代价获取最大的利益。如何做到这一点呢？准确的定位是关键。

美容院的市场定位看似简单，实则复杂，其成功运作都是在进行详尽的市场环境调查和需求分析后，量身定做适合自己的管理体系及营销策略。世界营销大师菲利普·科特勒告诉我们：只有定位于消费者的内心深处，才能立于不败之地。

所谓经营定位，就是对公司的产品进行设计，从而使其能在目标顾客心目中占有一个独特的、有价值的位置的行动。如麦当劳是大众化快餐店；青岛海尔电器是国内优质电器。当今社会竞争越来越激烈，信息传播越来越快捷，企业为争取更大的市场份额，必须使自己提供的产品或服务获得有效认知和普遍认同，使品牌形象深入人心，持久不忘，这就需要准确地为自己的产品即品牌定位。

一家新开业的美容院在目标市场上如何定位？如何塑造形象？可以有哪些方向性的定位？下面我们一起来看一下。

1、店的形态定位

①发廊型

这类美容院出现在我国美容业的初级阶段，一般是二三张理发椅，二三张美容床，称之为“美容美发”。

近年来，这类美容院功能已经逐渐改变，从单一收取美容服务费发展为自行消化产品与销售并重；经营产品正从复杂型转为简约型，经营单个或几个品牌；位置多选择在生活小区或商业街道，形成相对集中的经营群体。

②沙龙型

这类美容院是在经历了残酷的市场竞争后生存下来的一种美容院形式。这种美容院的整个环境、氛围、经营方式，都有很强的潜在凝聚力，客人在这里不仅可以得到皮肤护理或其他的服务，还可以把这里当成渲泄情绪、倾吐烦恼和舒缓身心的场所。

这类美容院要求有较高档的硬件设施，如宽敞的空间、整洁的装潢、良好的卫生条件、优雅的环境，美容师具有令人信服的专业技巧和良好的沟通能力。

一些国际大型专业美容机构因具有悠久的历史，成熟的经营方式，优秀的产品研发机构，雄厚的资金和完善的员工培训，通常以居高临下的姿态树立旗舰品牌。

大型的专业美容沙龙选择城市繁华区，辐射整个城市的消费群体，并以连锁店的方式迅速延伸，逐渐成为所在城市中高消费者喜爱的美容护理场所。

③治疗型

这类美容院比较普遍，像医院开设的美容门诊，一些中医自行配方、治疗各种疤痕或其他问题性皮肤的美容院。

这类美容院通常服务于单一需求的消费群体，如祛斑专业店、美白专业店、祛痘专业店 、抗衰老专业店等，虽然规模不大，但专业性强，功能很明确，易为消费者接受。美容专业店在发达国家已非常普遍，近期才在中国大陆开始出现。

这一经营方式将会逐步被美容院经营者接受，很可能在近几年内成为经营主流，前提是美容品生产厂家提供个性化的好产品和独特的操作技术及培训。

④休闲型

这类美容院是保健娱乐业的附属部分，设在宾馆、健身房、夜总会、游泳池等旁边，如休闲水疗中心SPA，主要是为旅游、娱乐、体育运动后的人们提供配套的放松服务。

这类美容院因自身的特定条件，往往场地不大，但装潢精致，项目设置较简单，收费也偏高，很少有固定的客人。

⑤享受型

通常设在中央商务区的写字楼或是高级宾馆里，这类美容院装潢豪华、场面铺张、收费昂贵。

2、店的规模定位

①社区美容院

一般坐落在居民生活小区，面积50～80平方米左右，主要针对工薪阶层和一部分白领女性就近美容消费需求。

这类美容院数量众多且分布密集，一般经营大众化的保养性护肤，但目前普遍存在着经营管理状况欠佳、产品技术落后、美容师队伍不稳定等诸多问题。

这种现状也恰恰给经营者留下了一个巨大的市场空间，经营者应该在企业形象、内部环境、人员技术和产品质量等方面多花心思，为就近消费的女性提供前所未有的全新感受。

②大型综合美容院

面积多在200～400平米左右，环境宽敞优雅、设备先进、技术可靠、管理成熟，面向白领女性，经营项目多样化。

进入21世纪，美容已发展成为一门集美学、医学、自然科学等多门学科为一体的综合性学科，顾客对美容的需求由单一化逐渐向多元化转变。现代女性的美容观念早已不局限于单纯的面部护理，形体美容、身体保健乃至放松休闲也逐渐成为现代女性光顾美容院的主要原因。近几年来，集美容、美体、休闲、保健于一体的大型综合美容院获得了巨大发展。

③超大型豪华会员制美容院

在上海、北京等大都市中，随着"金领女性"的不断涌现，超大型豪华会员制美容院已开始初露端倪。

这类美容院投资巨大，面积动辄上千平米，环境豪华高雅，普遍设有专门的停车场；往往引进国际一流的美容美体设备，配有先进的SPA设施和宽敞、豪华的休闲、健身场所；一般实行会员制管理，为客户提供更为细致、周到的服务。

3、店的经营定位

①目标客源

也就是确定客户阶层。在竞争激烈、大量同类美容院共存的美容市场中，顾客阶层的划分并不明显，你的美容院要在这种情况下明确界定出目标客源虽然很困难，却是非常必要的。

你是决定谁的生意都要做，还是只做某一层次消费者的生意呢？现在做低层消费者生意，以后是否准备发展中层和高层消费者生意呢？你的选择，将决定美容院的产品结构和服务档次。

在确定目标客源时，可以根据顾客的年龄、性别、职业、收入、受教育程度、社会阶层、居住区域、性格特征等进行市场细分，以更加有效地吸引和满足目标顾客的需求。

就年龄而言，美容人群的年龄分布为15～55岁的男女。如果美容院的主要技术项目是对青春痘等问题性肌肤进行护理，在考虑生活形态、地区差异等因素后，你可以将客户群定为15～25岁和刚工作的青年，而以其他年龄的顾客为次要客源；

如果走的是高档美容院的路线，则客户群的年龄应该提高到24~55岁的职业女性或高收入阶层；如果针对贵妇人、官太太提供服务，那么就应该选择一些进口的高档产品，从产品、设备到环境、服务，最好能显示出一种尊贵、优雅的格调来。

只有大致规划出目标顾客市场后，你才能选择合适的美容院产品定位和收费价位。

②产品和价格

这一点和目标客源的定位是相关的，面向中低收入的消费者，应以中低价位的产品为主，但不妨配合小部分的高价产品。

在制定价格时，可以考虑下面三方面因素：成本费用、市场需求和竞争状况。即要把产品的成本作为基本依据，参考竞争店同类产品的价格，随着竞争状况的变化，确定并不断调整价格，同时注意考察目标客源的需求强度和对价格的承受能力。

要考虑价格的弹性，例如可以考虑分阶段制定价格，对较早光顾新店的顾客给予优惠，当美容院在今后的经营过程中提高价位时，对以前的顾客仍维持原来的价格。差别对待的方式可以留住老顾客，提高顾客忠诚度，增加利润率。

也可采取声望定价法，即针对消费者"一分价钱一分货"的心理，对在消费者心目中具有较高信誉的产品制定较高的价格。

系列定价。针对消费者爱对价格进行比较的心理，将同类产品的价格有意识地分出档次，拉开价格差距，形成价格系列，以此满足顾客"选购、递进"的心理。

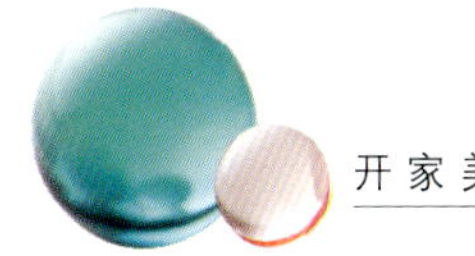

价位虽然是灵活的，但你的美容院最好制定一份各类肤质的美容价目手册，根据疗程内容、材料类别、用量等，制定出一套准确明晰的价目表，这样能使顾客获得安全感和信任感，也能显出美容院的水准。

③服务定位

面对顾客需求多样化的现实，我们一定要明白自己卖的不仅仅是产品、技术，更是一种高品质的服务。就像欧莱雅卖的不仅是美容产品，更是关于美的梦想；雪铁龙卖的不仅是汽车，更是无后顾之忧的使用过程；乐百氏卖的不仅仅是饮用水，更是27层过滤代表的纯洁健康。

美容院的服务包括硬件和软件两方面。硬件服务是指设施设备和空间设计装修的组合，硬件服务的定位一方面要依据自己的喜好，更重要的还是满足顾客的心理需求。

软件服务是指美容院的经营理念和文化等综合因素带给顾客的身心享受。这需要经营者从多个方面来考虑。

一项全面而优质的美容服务，还应包括跟进服务，你的美容院最好能在第二天同你的客人进行电话联络，询问她们护理后的感觉，根据顾客的反映调整和改进美容院的服务。

在设计经营策略时，务必要使美容院的服务流程易于操作，简化待客流程，尽可能地让你的顾客觉得与营业店打交道是很亲切、随意的。比如她想做保养时，是否能和你随时联系并预约时间？付款时是否需要在收银台前等候良久？是否每个顾客都可完全了解美容院使用的产品和技术？你的美容院是否很容易找到？也就是说，你必须努力将服务具体化，让顾客看得到，感觉得到并且能够触摸到。

总之，无论是哪种定位，美容院都必须以满足目标顾客的需求为基本原则，你应根据自己的实力来找到自己应该扮演的角色，否则就会造成资金浪费或者大材小用。

护肤沙龙
专业发
女士专业护肤
国际品牌
祛斑、祛痘一疗程
皮肤护理，感受价
欢迎咨询
来自深圳的
拉
推

第四章

开店选址与商圈评估

根据美容院的经营定位，为你的美容院找到一个合适的地理位置，是美容院获得成功的基石。

一、店址的选择

美容院是典型的经营服务型店铺，适当的店址对营业店的营业额有举足轻重的影响，关系着营业店的发展前景。很多人以为在黄金地段抢得一个经营场所就成功了一大半，其实此后庞大的人事、营销、租金等费用，常把经营者压得喘不过气来，其效益、利润可能还远不及选择其他地段的美容院高。你的美容院应选择最合适的地点，而非最好最贵的地点。

总的说来，一个好的店址应该符合下面两个要求：

◎顺路：即交通便利，周围已有相关服务或其他经营形态相配合

◎顺眼：即顾客容易看到，并对店的整体形象感到舒服

作为经营者，在选择店址的时候一般应考虑以下因素：

1、交通因素

交通是否便利会在很大程度上决定营业店的营业额。

一般情况下，主要车站的附近和顾客步行距离很近的街道，都属于交通便利的地方。店址若选在面向车站的位置，则营业店的顾客以下车的客流为主；若选在临近车站的位置，则以上车的顾客为主。

选择店址时要注意避免单行道街道、禁止车辆通行街道以及与人行道距离较远的街道。若有条件，高档次的营业店可以修建一个适当的停车场，方便距离较远的会员驾车光顾。

2、客流因素

客流量大的地方，营业额相对较高。

一般而言，闹市区、居民聚居区以及娱乐场所等都属于客流量大的地方。例如在

商业活动频繁的地区，能够吸引众多顾客的注意，刺激她们的消费欲望。而在居民聚集的地区开设营业店，能满足人们的日常需要，营业额也相对稳定。

但要注意，即使是同一条街道不同的位置，人流量可能也不一样。如十字路口客流集中，可见度高，是开店的最佳场所；有些街道由于两端交通条件不一样，客流会集中在交通方便的一端，而另一端客流则较少；有些街道则是中间地段繁华，两端冷清，因此店址设在中间地段才能招揽更多的潜在顾客。

美容业属服务行业，需要适度的情调和安静的环境，不宜选在闹市区。

3、竞争因素

周围的竞争状况会对经营产生巨大的影响，因此选择店址时必须分析当地的竞争形势。

若营业店的服务项目独具特色，那么将店开在竞争对手众多的地方有利于吸引顾客，促进消费。反之，若经营与其他同业并无区别，则不应选择竞争者众多的地区。

尽管如此，在选择店址的时候还是应多考虑营业店相对集中且有发展前途的地区，因为从顾客角度看，店面多，则选择多；而从经营者角度看，营业额的提高根本上还是要靠经营服务取胜，同业多，说明人气旺，所以经营者无须害怕竞争。

4、租金因素

房租对营业店来说，是一笔较大的负担，特别是在黄金地段，价格自然不菲。如果你的创业资金不多，其实也可以选到合适的店面，例如可以考虑：

◎向上发展（楼上的门面）。这时你需要注意的是想办法吸引过往行人的注意；

◎向下发展（地下室）。这样的营业店，发型师及美容师的技术是关键；

◎向社区发展。这需要靠服务态度取胜。

下面这些地方是选址大忌，投资美容院时请尽可能避开这些地区：

◎高速公路旁。因为高速公路两旁都有隔离设施，行人无法穿越，而且附近也很少有停车场，这对于顾客来说是很不方便的。

◎周围居民少而同业竞争店已配齐的区域。这些地方人口流动有限，固定的消费量难以提高，而且顾客已与原有的营业店建立了较深厚的感情，新开的营业店除非有很大的特色，否则很难开发出较多的客源。

二、商圈的概念及分类

商圈，指以营业店所在地点为中心，沿着一定的方向和距离扩展开的区域，在这一区域内，顾客会优先选择到该店进行消费，换言之，就是营业店主要顾客所在的地理范围。为便于分析，通常设定半径为500米左右的圆形区域。

根据顾客量的多少，可以把商圈分为中央商圈、次级商圈、周边商圈。如前文所述，为了叙述方便，我们把商圈看作是以营业店为中心向四周扩展的同心圆。

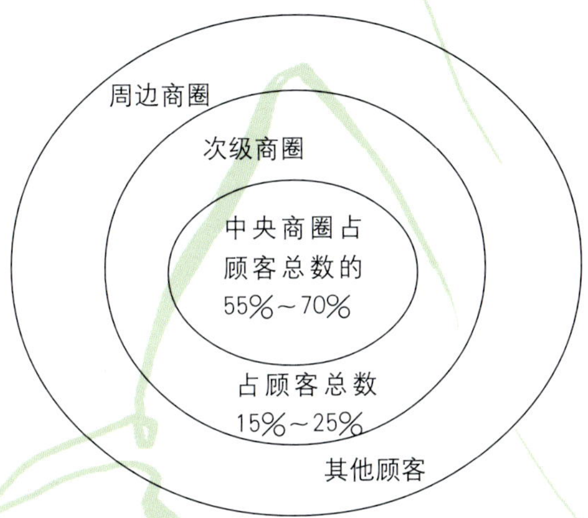

◎中央商圈。这一商圈离营业店最近，生活和居住在这一区域的顾客占去了营业店顾客总数的55%～70%。在这一商圈中顾客在居民中所占比重最高，每个顾客的平均消费也最高，这里很少同其他商圈重合。

◎次级商圈。位于中央商圈外围，拥有营业店15%～25%的顾客。这一区域的顾客较为分散，多为在附近工作的人群，他们一般利用上下班时间顺便光顾你的美容店。

特别是在一些高级商业区内工作的人，收入较高，负担较少，思想也较为开放，营业店可以根据这部分人群的特点和需求，来决定自己的经营方向和策略。

◎周边商圈。这一商圈的顾客主要是流动人群，即在交通要道、商业繁华地区以及公共活动场所过往的人群。

一个地区的流动人群越多，在这一地区经营的营业店可以获得的潜在顾客就越多，同时经营者云集，竞争也越激烈。

这就要求经营者更要讲究竞争策略和经营特色，因为让这些顾客满意，有利于培养出"回头客"，树立营业店的形象，从而招徕更多的顾客。

三、商圈评估

商圈评估，就是经营者对商圈的构成情况、特点、范围，以及影响商圈规模变化的因素进行实地调查和分析，为选择店址、制定和调整经营方针、经营策略提供依据。

1、商圈评估的主要内容

◎商圈里的集客设施。比如车站、商业街、大型店铺、公司、学校等，要注意做好商圈公关，如附近有新店开张，不妨送盆花恭贺一番，大家礼尚往来，互相捧场，以此带动人气，让商圈越来越繁荣。

◎商圈里的顾客流量。包括通行者的人数、性别、年龄层、职业、收入、每天及各个时段的通行量变化，由此分析哪一类人会通行此处，她们购买本店商品及接受服务的可能性，并锁定目标客户和消费群。

◎商圈内竞争店营业情况的调查。这可以通过店内巡回、试买来搜集商情资讯，如竞争者的姓名、资本额、主要服务项目及商品、经营手法、公众对该店的评语，也可以由估算其入店人数、购买金额来推算其营业额，从而拟订出主要对策。

◎消费者居住条件。此项评估最重要的内容是确定商圈范围有多大，在这个商圈内居住人口有多少，以及广告促销所影响的范围有多大。一般来讲，美容院初步的商圈范围设定以影响500米的半径区域为宜，不要盲目求大，造成毫无意义的铺张浪费。

商圈评估表

	评估项目	商圈 1	商圈 2
消费者居住条件	当地住家客源		
	外来人潮客源		
	休闲逛街客源		
集客设施条件	集客设施有哪些		
	交通便利性		
	停车方便性		
顾客流量条件	消费水平		
	可能的固定消费群		
竞争者条件	经营状况		
	店面装潢		
	价格		

2、两种主要商圈评估法

商圈评估的方法和途径多种多样，这里主要介绍下面两种：

◎利用行人评估商圈。通常顾客和人流量成正比，但在同一个商圈内，也存在着较大不同，差不多每相距100米，或有岔路进来的地点，人流量会急速减少。此外，某些自然条件或能吸引人群的设施会让人易于靠一边走。

为了直观地记录商圈内人流量，应先画一张有道路网和重要设施的地图，依据时间的不同，从车站的起点到终点，追踪预设的流量，并将其走向标示出来。

检查目前的人流趋向是否稳定，是否在道路的某侧有什么吸引客人的设施即将建设，人流量是否因此会有所变化。

◎探查竞争对手情况。对于竞争对手，应该深入查访其营业面积、商品种类、员工人数及待客技巧等，通过比较发现自己的优缺点。

可以通过下面四种方法较为全面地了解竞争店的情况：

◎探查竞争店实力。通过大家的传闻或亲身查访来了解竞争店的实力，具体包括距离、经营者、资本、营业时间、员工人数、服务方式、营业面积、停车场、服务项目、价格等一系列资料，从其顾客年龄、服装、佩戴的饰品等判断顾客所处的阶层。另外竞争店的声誉、形象、店面布置、地理条件等也要综合考虑。

◎以顾客身份探查商品信息。以顾客的身份来刺探竞争店商品信息，并且从其产品陈列架了解商品的数量、价格、质量、重要供货商等信息。

◎预估销售额。每周到竞争店掌握其顾客数、流向及营业高峰时段等，由所掌握的顾客人数计算其销售额。

值得注意的是，对商圈的评估不应该是静态的，要随时关心商圈内住宅建设、交通、竞争对手的变化。及时掌握商圈动态变化，才能在快速变化的社会中立于不败之地。

总之，创业开店必须掌握一个成熟的商圈策略，因为商圈策略是一种积极开拓市场的动态销售策略，成功地运用商圈策略，可以稳固营业店根基，提高营业店形象，创造和推动顾客的特定需求。而与顾客建立一种相互信赖的关系，把生意作到顾客心里，让他们心甘情愿地成为回头客，这才是营业店商圈战略的根本所在。

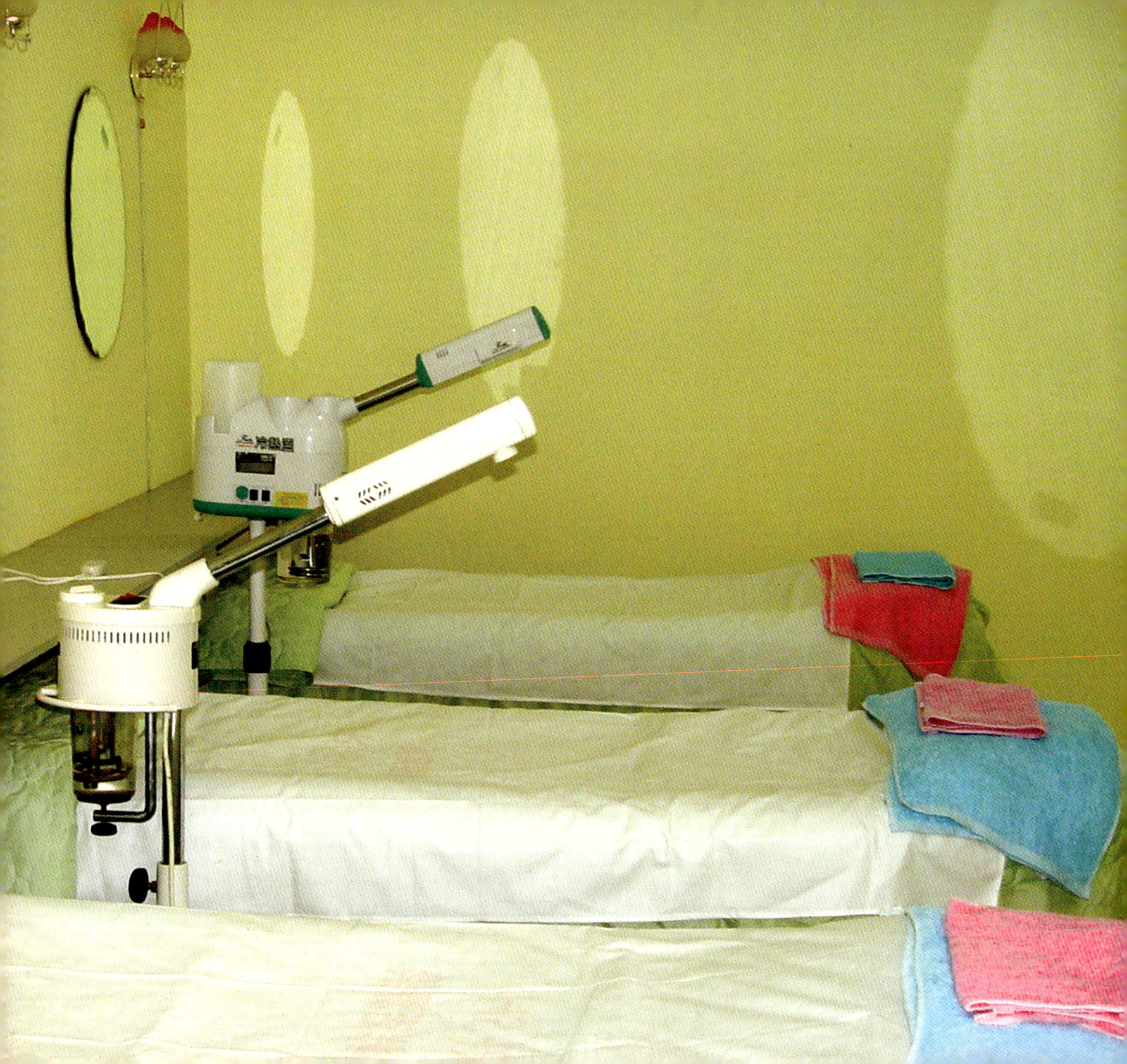

第五章
开店筹备与店面设计

当你真正计划要投入资金和精力开办美容院的时候，是不是发现有很多始料未及的事情突然出现？为了使你的各项工作做到有条不紊，你在确定了美容院的市场定位后，应该静下心来做一份明确的备忘录，以做到有的放矢。

一、合理使用开店资金

开店的必要设备大体可以分为“硬件”和“软件”两大类。硬件开销主要花在购置美容院的设备上，软件开销则是用于购买硬件设备之外的一切费用，所包含的内容更多。

常用的硬件开销主要有：空调、电视、音响；水电安装、室内设计；传真机、电话机；饮水机、洗衣机；卫浴设备；柜台设备；美容室设备；招牌；电脑等。

常用的软件开销主要有：房租、押金费用；宣传费用；公关费用；员工的训练费用；赠品、折扣的费用；材料库存费用；商标申请费用；执照申请费用等。

从时间来看，初始投资可以分为两个部分：一是一切开店前的资金，主要用于租店所需押金、保证金、外部装修、内部装潢、开办费及美容设施、物资准备费等；二是营运中所需的费用，主要用于经营运转、营销宣传、员工工资、物资采购等。

在资金使用过程中，应该注意掌握以下几个方面：

◎存货投资：由营业店所计划的年销售额与存货周转率决定，一般应占预算的30%左右。

◎应收账款投资，如顾客可能会赊欠的账款。

◎固定资产：主要用于设备的添置、营业店的装修等，营业店可以通过市场价格来预估所需的费用，至少应该占预算的50%。

◎预期负现金流量：一般情况下新店开张要经过6～8个月才可能实现损益平衡，达到赢利，而在这期间，就会出现负现金流，需要用投资来达到收支平衡。

◎意外损失基金：在经营过程中，难免会遇到意想不到的开支，为了应付这些意外，经营者应该事先设立意外损失基金，以备万一。一般而言，该项基金占总投资的10%～15%。

这只是美容院资金分配的一般情况。在实际准备过程中，很可能会随着具体情况的不同而发生改变，所以你还有必要准备至少一个月的进货资金和营运周转金。特别是新店铺开张，各种供货渠道都是新建立的，和供应商的合作关系不是很密切，所以一开始的进货折扣不会很高，而且不一定能享受到各种优惠。考虑到这方面因素，运用资金一定要留有余地。

二、采购美容院设备

需要哪些类型的仪器设备，应视美容院推出的服务项目而定。你所购买的设备应该是你真正需要的仪器设备，千万别在开业之初添购过多的设备。闲置不用的仪器设备只能造成资金上的损失，务必要做到让所有的仪器设备都派得上用场，并为你带来收入。如果不能确定某一设备是不是需要或认为以后才会需要，那就等到你真的需要时再添加也不迟。

不论你所需要的仪器设备属于何种类型，都要以购买最佳品质之设备为宗旨。即使其成本比一般的仪器设备要昂贵，但因为它更具有效率，而且工作起来效果也更理想，顾客看起来也更具专业性。你所购买的仪器设备的品质将可以让顾客了解到，她们在你的美容院中所得到的服务绝对是品质最佳，也是最专业的。

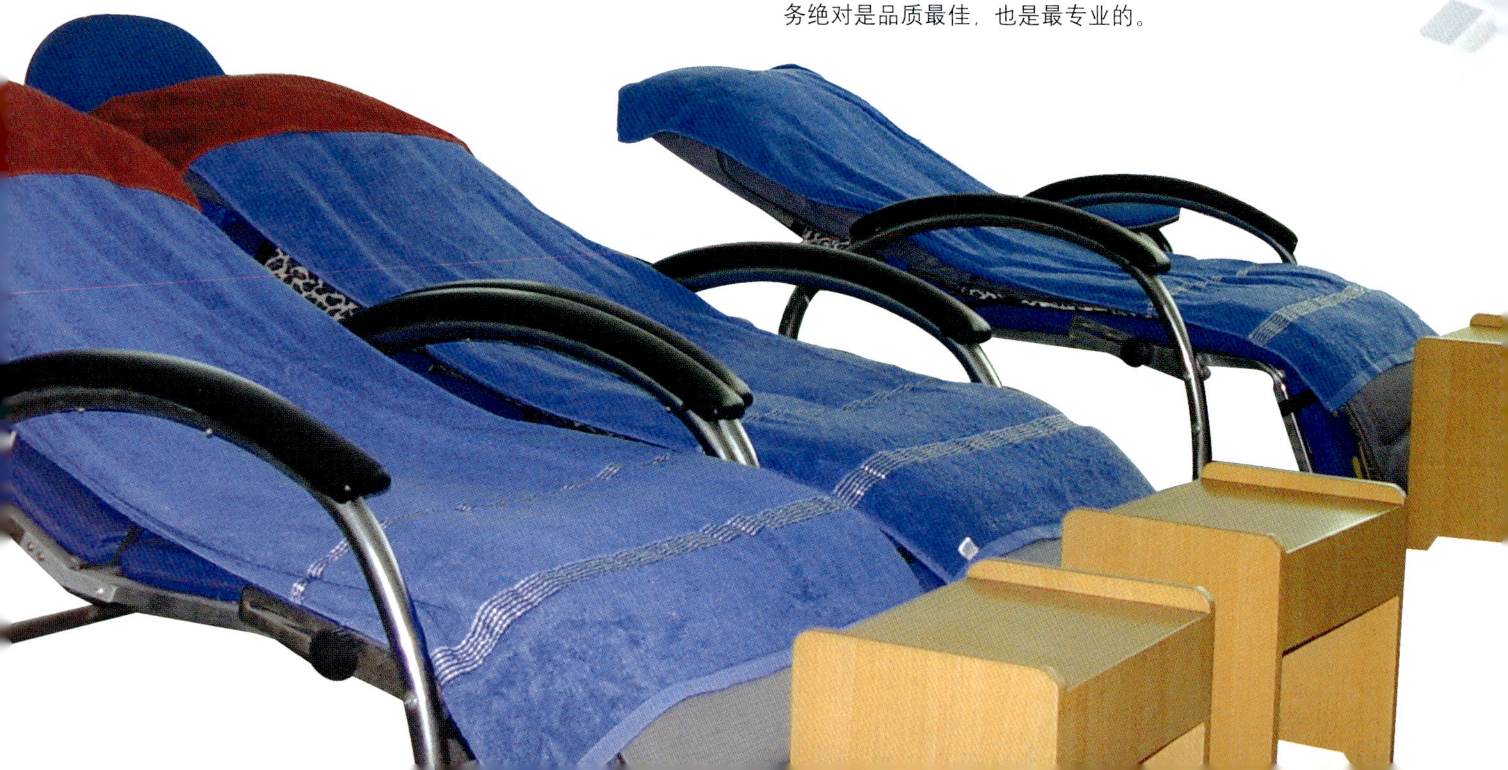

1、美容设备

◎多功能美容仪：主要有高频电疗、冷喷、扫斑、真空吸管、阴阳电离子等美容常用功能。

◎奥桑蒸汽仪：是美容院必备的基本设备，市场上规格型号较多，选择时要以喷雾均匀、雾量充足为主要考查标准。

◎美容床、美容椅及美容镜台：顾客的美容是从她坐上美容椅，或是躺在美容床上开始的，所以这些设施的舒适度、实用度是最关键的。

◎美容床上用品：主要指毛巾、被盖等顾客接受服务时必备的用品。

2、公共设施、设备

美容院除了考虑专业设备用品外，还要注意相配套的安全设施、公共设施。如美容院必须配置用于消毒毛巾的蒸汽式消毒柜和消毒美容美发用具的紫外线消毒柜，必须配备一定数量的灭火器。

3、购买仪器设备的技能

能够提供品质优秀的仪器设备制造商不胜枚举，通过他们在主要的美容业专业媒体上所刊登的广告，或是在贸易展览会上，你便可以找到这些制造厂商。你可以向他们索取目录、价目表。仔细地研究这些目录之后，再挑选最符合你需要的仪器设备。若有可能的话，应在下最后决定之前，仔细检查并试用你欲购买的那些设备，然后再和制造商讨论价钱事宜。

不要害怕讨价还价的行为，但也不要过于冲动地订购任何一件仪器设备。你可以慢慢地来，将所有相关的要素调查清楚，以确保你作出的选择是正确的，千万不要只考虑价格因素。除此之外，还要和对方协商额外的成本，诸如运费或安装费之类；在正式使用此仪器设备之前，是否要另行购买附属的部品。许多时候，你很有可能达成分期付款的协议，如此一来，你便可将这笔款项暂时转用于其他方面，达到降低成本的目的。

在购买仪器设备时，你别忘了仔细阅读仪器设备的保证书，并了解清楚：

◎仪器设备的保修时间有多长？担保的范围有哪些？

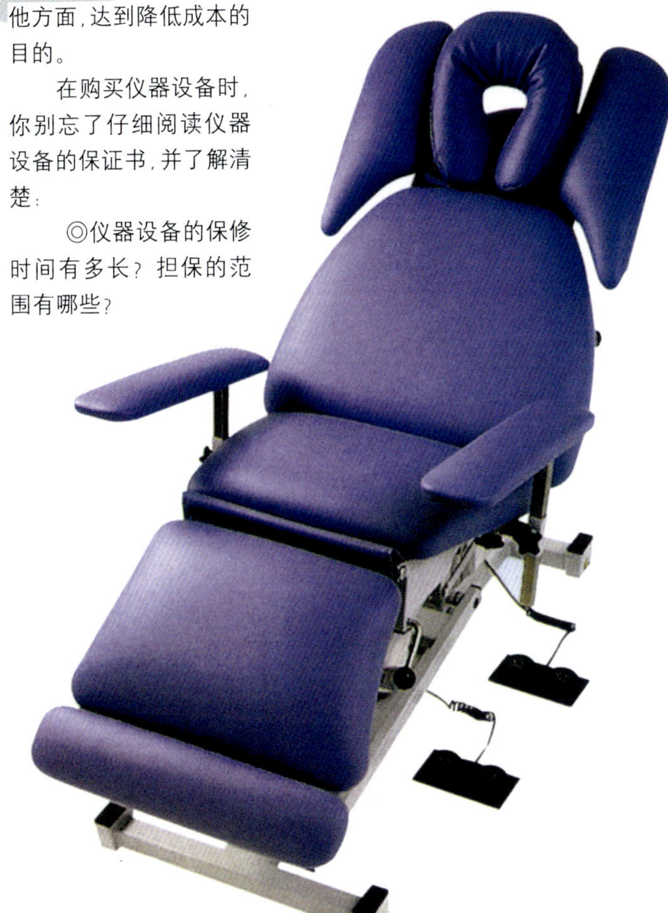

◎仪器故障时由谁负责维修？是厂商还是经销商提供定期保养？

◎仪器是由制造商提供还是由经销商负责？当你的仪器无法修复时，销售商是否会另外借一台给你使用？制造商是否有提供此仪器的使用说明及训练课程？

售后服务是购买仪器时需重点考虑的因素。最好是购买能够提供最佳售后服务的厂商的产品，即使价钱贵一些也无所谓。在激烈的市场竞争中，或许你会发现很多厂商为了和对手竞争而竞相压价。当所有厂商的设备价格不相上下时，你应该购买能够提供最佳服务厂商的产品。

4、考虑购买二手仪器设备

你经常可以在跳蚤市场上找到状况良好的产品，它们之所以被摆在市场上出售，原因有很多，如生意不佳、重新整修或者改变服务项目，不再需要这些仪器设备，所以拿到跳蚤市场上出售。

购买二手仪器设备对许多准备开美容院的投资人来说是非常划算的，当你的资金不够充裕时，不妨考虑购进二手仪器设备。

当你购买二手仪器设备时，应注意核实以下项目：

◎确实掌握同类仪器其全新时的成本。

◎此仪器和你美容院的装璜是否能搭配？

◎此仪器的状况是否良好？

◎所有的零件是否都在？

◎此仪器是否需要维修或更换？

◎维修的成本会是多少？

◎此仪器是否仍然获得厂商的保证书？

◎你是否能够从销售员处取得一份书面的保证书？

◎此二手仪器的全新出厂日期？

◎此仪器被二次销售的原因？

◎此仪器如何使用？

◎检查原始的发票及相关文件。

◎它是否为目前贷款的抵押品？

◎商议价格。

5、租赁仪器设备

你也可以考虑放弃购置某些仪器设备，以租赁的方式取而代之。租赁的好处是，它可以为你省下一大笔资金，你在租赁期间可每月或每季固定支付租赁费，便可使用这些仪器，不用担心因购买仪器设备而背负债务。

从经营的观点而言，租赁对你的好处是，可以让你在维修及仪器设备的更新上享有较多的弹性。当全新的、效果更好的仪器出现时，你可以及时将手上那些老旧过时的设备予以更新，无需担心仪器设备闲置和报废带来的财产损失。

租赁的缺点是你无法拥有这些设备的产权，除非你们在租赁协议书中事先约定租赁到期仪器设备归承租方所有，否则当租赁期限一到，你就不能再拥有和使用这些设备。另外，由于你没有这些设备的产权，所以不能用作贷款的抵押品。

三、店面设计

营业店的店面设计在很大程度上影响着顾客的心理，所以几乎所有的美容院或发廊无一例外地都将店铺设计作为重要的内容。

一些高档美容院常常以富丽堂皇的装修向顾客展示其不俗的品位，小型美容院也通过独具匠心的色彩设计、空间规划、橱窗布置、货架陈列等手段为顾客带来温馨的感受。

、店面广告

店面广告指的是设置在店面周围、入口、内部的广告。店面广告范畴很广，招牌、名称、装潢、橱窗设计以及商品陈列都包括在其中。

从形式上我们一般把店面广告分为室内和室外两种。室内店面广告指经营场所内部的各种广告，如店内悬挂各种印有品牌图案的彩旗，反映美容院文化的各式横幅，柜台里展示的各类商品实物等等。室内店面广告在时间和空间上无疑都比其他形式的广告更接近消费者，因而对顾客的消费行为影响也最大、最直接。据调查统计，约有3/4的消费行为都是在消费场所决定的，也就是说，大多数顾客的消费行为在很大程度上受消费环境及氛围的影响。鉴于此，室内店面广告的设计应该十分重视展示商品的质地、服务的周到，通过现代声像技术刻意营造出一种温馨的氛围，以便更好地唤起消费者的消费意识，促使客人产生消费行为。

室外店面广告泛指商业经营场所门前及附近的一切广告形式，如招牌、店面装潢、广告牌、橱窗设计、霓虹灯等。在繁华的商业闹市里，最能吸引消费者注意的是室外店面广告，因而室外店面广告在设计时应更注重突出经营场所的外部特征，具有鲜明、独特的个性，以引导和强化消费者的比较意识，诱发其好奇心。

成功的店面广告设计应该遵循以下三个原则：

◎简练、醒目。店面广告要想在琳琅满目的广告中引起注意，必须以简洁的风格、新颖的格调、协调的色彩突出自己的形象。

◎重视陈列设计。要注意商品陈列、悬挂以及展示柜的摆放等，要强调和渲染经营场所的特殊品牌气氛。

◎强调现场效果。由于店面广告具有直销的特点，设计者必须深入实地了解营业店内部经营环境，研究美容院的特色，力求设计出最能打动顾客的店面广告。

2、门面设计

美容院门面如人的脸面对于人的形象的重要性一样，门面设计应该考虑在满足经营需要的情况下刻意求新，显示本店的独特个性，力争让顾客对你的美容院产生好印象。总的来说，门面设计既要有视觉上和精神上的美感，又要符合人的现实需求。

现代店面设计主要包括以下内容：立体造型、入口、照明、橱窗、招牌与文字、材质、装饰与绿化。门面设计的目标是吸引顾客注意，方便引导顾客出入，展示空间容量并安全可靠，从而提升营业店形象。

①招牌设计

对于寻找美容美发院的人以及过往路人而言，招牌是不可或缺的重要内容，它是你和顾客取得联系的第一步。招牌是用以识别店面、招徕生意的标记，一块好招牌对美容院经营内容具有高度概括力，在艺术上具有强烈的吸引力，对消费者的视觉刺激和心理影响是很重要的，并能加强记忆以促进传播。

在设计招牌时要注意以下几个方面：

◎除了美容院的名字外，后面应该再加上一小行词语，勾勒出服务的性质；

◎招牌应该易读易记，这样才能高效发挥它的识别功能和传播功能；

◎招牌要有一定寓意，能让顾客从中得到愉快的联想；

◎为了引人注目，招牌应该有霓虹灯或是良好的照明设备，上面再印上容易辩读的大型字母或标志，例如可口可乐的红白标志和麦当劳大大的黄色“M”；

◎招牌的设计要以反映美容院的专业水平为主，能衬托出美容院的品位，忌使用俗艳夸张的招牌。

虽说制作招牌是一项不小的投资，但是制作精良的招牌可以维持很长的寿命。绝对别在招牌上省钱，一个优秀的招牌设计可以提升美容院形象。许多小型广告公司缺乏专门的设计师，而且也欠缺开发优秀作品的能力，你可以选择一家有良好信誉的广告公司并与其商谈。

招牌安装好了之后就要好好维护，随时保持招牌的洁净，若有任何损坏，应该马上更换并维修，一个破旧不堪的招牌会让顾客觉得你无法提供一流的服务。

②橱窗设计

橱窗是以商品为主体，通过背景衬托，并配合各种艺术效果，对商品进行介绍和宣传的综合性艺术形式。一个主题鲜明、风格独特、色彩谐调的橱窗，能起到改善美容院整体形象的作用。

橱窗陈列通常有以下五种类型：

◎综合式：将不相关的商品综合陈列在一个橱窗内，以组成一个完整的橱窗广告。这种陈列由于商品之间差异较大，设计时一定要谨慎，避免显得杂乱。

◎系统式：按照商品的不同品类组合陈列在一个橱窗内。

◎专题式：以一个广告专题为核心，围绕某一特定的主题，组织不同类型的商品进行陈列，向顾客传递一个

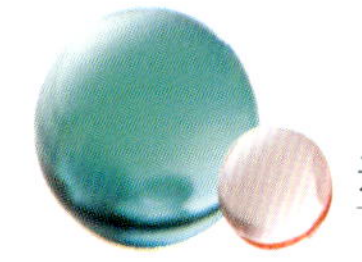

明确的信息，例如绿色护肤品陈列等。

◎特写式：运用不同的艺术形式和处理方法，在橱窗内集中陈列新产品、特色商品以强化广告宣传效果。

◎季节式：根据季节变化，把应季商品集中进行陈列，以满足顾客应季购买的需要，有利于扩大销售。

③内部设计

美容院的内部设计主要依赖所要推出的美容项目而定，所以难以找到一个普遍有效的设计方案。一般情况下，内部设计应包括以下几个方面：

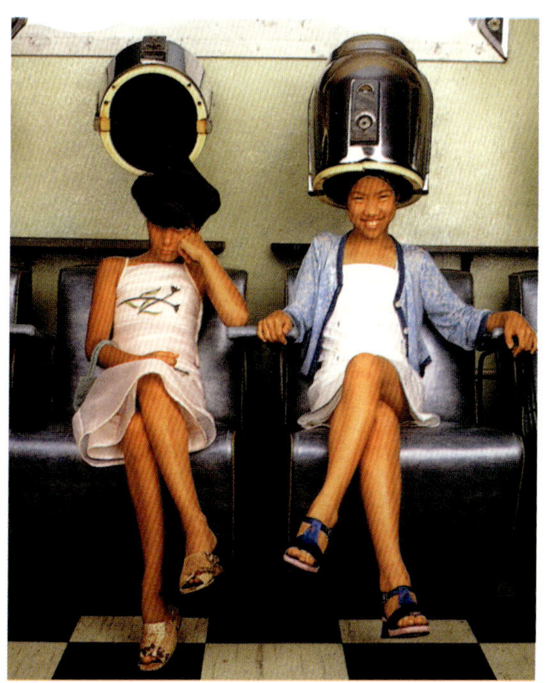

◎等候区。等候区布置应以舒适为目标，以便让顾客乐于耐心等待。可备有杂志、报纸供顾客翻阅，放置电视机让顾客消磨时间。如果店面较宽敞，可以考虑设置VIP室，客人在等候时可以舒服地躺卧。

◎接待区。接待区是美容院和顾客接触最频繁的地方，应以方便为主，通常设在左区或进门后的正中央。它在营业店中应尽量占一个较大的空间。接待区的设备包括供接待员用的椅子和桌子，以及供顾客坐的舒适椅子，接待区的桌子应该备有电话、预定登记表、电脑及收银机。吊衣架、伞架应该放在靠近门口的地方。接待区内还要有供应饮品的设备，以便让顾客有宾至如归的感觉。产品、海报等的展示也应该陈列在接待区中，陈列架的色调应以浅色为主，灯光宜柔和，避免以强光直射，引起商品变质。

◎操作工作区。就发廊而言，这个区域占了整个店面的2/3～3/4不等，是为顾客提供剪、烫、染发等技术服务的地方，以宽敞、明亮、干净、光线充足和简单的绿化为好，冷气和音乐应随时间的不同而变化；就美容院而言，操作区应保持干净，设备整洁完善，室内安静并具有良好的隐私性，其空间以能容纳一位顾客、一位美容师和所需的设备、材料且不拥挤为度，多采用长方形的房间。操作区的装潢应稳重、现代并显示出专业性，要营造出舒缓的气氛，使客人感到完全的放松。此外，操作区应有足够的电源以驱动各种仪器设备，随时供应冷热水，保持适当的温度和通风。

◎员工休息区。提供给员工休息及用餐的区域，应有存放柜存放员工私人物品。如果空间够大，还可以在这里举行员工会议，放置录放机供员工观赏节目或者进行员工培训。

◎行政办公区。做接待访客、洽谈公务之用，可配备行政、人事等相关资料档案柜以及电话、电脑，用海报或其他艺术品作为装饰。

3、店面色彩

曾经有间美容院在装修时，以深红为底色，玫瑰红在深红的底色中若隐若现。此形象给顾客留下了很好的印象，店内的员工工作起来也很起劲。大约过了一年，员工开始提出没有理由的休假请求，一度造成人手不够的局面。经营者很困惑，经与员工沟通才知道，她们在这里工作很容易感到疲劳，尤其是头部有刺痛感。经事后分析，才知道这都是因为美容院墙壁的颜色造成的。找到原因后，经营者在窗外及店里摆设了花草盆栽，并在照明方面减少了聚光灯的亮度，增加了日光灯和间接照明，之后，员工的不适感就减少了。

这个例子可以发现，颜色是美容美发院设计中非常重要的部分。合理地运用颜色，可以令营业店产生一种独特的气氛。

不同的光源有不同的颜色投射，例如白炽灯倾向于散发红色光线，荧光灯倾向于散发蓝色光线，即使是日光也会改变颜色。不同的颜色可以让人产生不同的感觉，一般而言，偏红或黄的颜色给人一种温暖的感觉，偏蓝或绿的颜色给人一种冷漠的感觉，而白色、灰色和黑色给人的感觉较中庸。

在操作区和接待区中使用绿色，可以给人带来舒坦和宁静的感觉；蓝色一般用于较狭窄的区域，如休息室就可以拓宽视觉空间；黄色具有愉快和刺激的感觉，可以使用在咨询室和零售区域。下表是各种色彩与心理的关联表，供大家在装修时参考：

色彩与心理关联表

颜色	联想	印象	色彩物语
红	酷热、危险	热情、积极	爱情
橙	温暖、秋天	强劲、阳刚	高兴
黄	太阳、光明	明朗、活力	健康
黄绿	嫩叶、春天	年轻、活泼	青春
绿	大自然、鲜活	寂静、平安	和平
蓝绿	阴气、潮湿	阴暗、幽远	孤独
蓝	天空、水、透明	永远、理智	平静
紫	深远、高贵	威严、柔和	孤傲
白	空间、光明	寒冷、安静	清纯
黑	宇宙、黑暗	深沉、哀丧	绝望

4、柜台及展示品整理

根据视觉陈列规则，产品陈列柜应摆放在店面最显眼的位置，让顾客一进门就能看到，因为人们喜欢往左看，所以左边一定要摆设最畅销的产品。视觉陈列要求整洁，最好具有独特的创意，平时要集中陈列以下产品：新推介产品、季节性产品、拳头产品。

大、中型店面的柜台除了陈列产品外，也可以摆放适当而大方得体的小摆设；店面小的陈列柜台应该注意不要放太多小摆设。

为减少顾客在销售过程中等待的时间，美容师在服务及销售前应准备好商品，以防出现断货。正在促销的产品、畅销及节令产品都应该放在易拿易找的位置；

柜台内产品应该摆放整齐，产品价格一目了然；样品或试用品要整齐摆放，并保持清洁，样品或试用品经过长久使用变得陈旧时，应及时更换，美容用品陈列架须随时清洁，上面不能粘有污垢。

柜台内应包含以下物品：计算器、发票、书写工具、包装袋、干净海棉片、纸巾、棉签、清洁水、交接班记录本和顾客登记手册、垃圾桶、电视机、录影机等。此外店内还应有一面镜子供顾客试用产品时使用。

不管如何设计你的店面，有两点是必须遵循的：

◎美容院的现代性。

店面的现代性，大多是根据感觉评价出来的，也可以理解为与其他同行相比，你的美容院在风格上要领先两三年。店铺的现代性是以店铺的外观、内在装潢设备的配置、柜台的形象和使用材料的保管空间等为主的外观判断，但是，外观装潢得再气派，如果不能适合你的目标顾客的要求，不能提供亲切周到的服务，仍然无法得到顾客的喜欢。

◎美容院的便利性。

店铺的便利性，对顾客而言，是指来店美容时感到很方便，而且对店里的服务感到很满意；对员工而言，能轻松且尽心地工作，不会感到不方便。

此外，你的美容院应随季节的改变和服饰流行趋势的变化，使美容主题经常更新。而要做到这一点，惟有掌握美容领域流行的风尚。

第六章

服务项目设定和品牌引进

当你已经办好了营业执照，选好了店址，接下来你需要解决的问题是：你的美容院准备为顾客提供什么样的服务？引进哪些美容产品品牌？对于一家美容院来说，这些才是美容店真正的利润来源。

据对消费者的调查表明，美容行业属于情感高度介入的领域，即这类产品或服务价格较贵，多有购买风险，消费者通过大众传播了解、搜索各种信息，作出理性选择，但消费者购买时的情感起很大作用，其决策模型为"感觉 — 学习 — 购买"。

相对而言，女性的品牌情结更深。一项调查显示，12.5%妇女在购物时非常重视商品的品牌，比较重视的为55.8%，表示不重视品牌的仅占16.1%，而且中青年人比老年人更注重品牌，文化程度越高、家庭收入越高的妇女，对商品品牌越看重。

一、品牌引进的重要性

一位营销专家说："未来的营销是一场品牌的竞争。商界与投资者将会认识到，惟有品牌才是公司最珍贵的资产。"因此，拥有市场的途径是先拥有具备市场优势的品牌。

品牌是产品概念的重要组成部分，是企业制定市场营销策略时不可忽视的一个重要环节。品牌概念包括品牌、品牌标志、商标，它的基本功能是区别不同企业之间的同类产品，使竞争者之间的产品不致发生混淆。

品牌在市场营销中具有十分重要的作用：

◎品牌是广告促销的武器。广告作为一种有效的促销方式，虽可以创造不同的产品形象，但其产品形象多属一种抽象的概念，很难形成具体的影响力量；而通过品牌可以使这种形象凝结为实实在在的标志，使广告更好地发挥促销作用。

◎品牌是控制市场的武器。市场竞争的手段之一是取得有效的市场控制权，厂商如果有了自己的品牌，就可以与市场直接沟通，形成自己的市场形象，市场控制权就会回到厂商手中。

◎品牌有助于新产品的销售。新产品上市促销是一项极为艰巨复杂的任务，企业在原有品牌的产品线中增加新产品比较容易，而新的品牌和没有品牌的产品则不易为市场接受。

◎品牌有助于建立顾客的消费偏好。品牌化可以使企业更好地积累更多的品牌忠实顾客。

真正的好品牌有四个标准：知名度、美誉度、影响力和可持续发展。一般来说，应该选择知名度高的产品。

除了知名度外，还应该考虑品牌的美誉度。例如某品牌一直是业内知名品牌，但由于某一个服务案例的失败，消费者对其丧失好感与信心。作为美容院投资人和经营者的你，也许没有及时获得这些信息而继续使用该品牌，那么你就会受到来自顾客的质疑，无形中会对你的业务产生影响。时刻关注业内资讯，了解各品牌的动向与美誉度，对你来说将非常重要。

当然，能同时具备这四个标准的品牌可遇不可求，若有机会，可争取与之合作。而对于大多数美容院来说，要学会的是在大量新的品牌中寻找有价值和增长潜力的品牌。

二、选择合适的供应商

目前化妆品市场的品牌越来越多，而每个品牌都有自己的特点，美容院该如何选择自己经营的品牌？

很多人都明白，选择一个品牌，相当于选择一个合作伙伴。选择合作伙伴不单单是计算对方眼前能给予自己多少利润，而必须全面考虑对方的实力和该项目（产品）的可持续性。

须知道，任何的赠送和高额回报都不是无条件的，它的代价可能是损失自己的声誉，或者被查封罚款的危险。由于美容院是终端消费环节，所以美容院要直接对消费者负责，在对品牌的选择时，美容院要更注重质量和实效性。

美容院在选择化妆品品牌时，建议考虑下列几个方面的因素：

◎供应商是一个管理有序的公司。这关系到产品的品质、合作的信誉和成功兑现的可能性。一个由高素质人员组成的公司，通常是公司各环节管理严密，产品品质达国家或国际标准，经营意识前卫并保持与潮流同步发展，确保公司及他们的合作伙伴也能稳定发展。

◎对方优点能补足自己现有的缺点。项目合作不是单纯的买卖关系，优秀的供应商不但把优质的品牌产品推荐给美容院，还会把产品使用方法、特点、卖点及一整套美容院管理经营解决方案教给美容院，对美容院进行全方位的指导，包括美容师的培训，便美容院能够独立经营。

◎产品力。合作的项目是否有生命力，即是否有持续发展的利润空间。一个有生命力的品牌，可长久经营下去，能够持续推出新产品，跟上潮流，并产生巨大的品牌效应，增加客源、营业额和凝聚力，提升美容院的自身素质和公众形象。

◎产品结构完善。选择品牌时，要考虑美容院长期经营中消费者的不同要求，因此产品系列的完整和全面至关

重要。比如面部护理，要有美白、去痘、祛斑、滋养、祛皱等产品，整体护理要有面部、颈部、美体、香熏、减肥、塑身等产品，全面的产品项目有利于美容院的长期经营。

◎对方是否经过时间的考验。任何精品都必须经得起时间的考验。

◎适当的价格。对于产品的价格问题，大部分人会有两种极端的态度，第一种是贪便宜型。拿拉皮机来说，市面上有一千多元的拉皮机，也有六七千元的，更有几万至十几万的进口拉皮机。一部分人会选择前者，他们不去考虑工艺不同而产生的质量、效果上的巨大差异，只求价格低廉，他们也没有想到好的产品能带来巨大的收益。而另 一种态度恰恰相反，是"崇洋媚外型"，什么都是进口的好。实际上，就美容用品和设备而言，有一些国货精品， 不论是技术还是功效都不逊色于进口产品，但价格上却大大低于进口产品。此外，进口产品还有一点是无法与国货比较的，那就是售前的培训和售后的维修。

三、根据商圈引进品牌

每个美容院都有自己的消费群体，产品的选择一定要考虑到群体的消费能力和喜好，这样才能得到顾客的热烈响应。

一般来说，若你所处的商圈以住宅区为主，那么你的顾客群是经常性消费人群，相对比较固定，年龄差距也相对较大，从 20 岁到 50 岁不等。这些人较适合中低价位的消费，所以你所引进的品牌价格不能太高，以薄利多销为原则。

若你的营业店处于写字楼商业区中，则你的顾客群文化层次较高，喜欢追求时尚生活方式，消费水平也比较高。他们对品牌则十分注重，你所引进的品牌应以高档、知名度高和表现个人品位为主。

闹市区是喜欢休闲娱乐的年轻人常聚集的地方，因此这一商圈应以追逐潮流的年轻女子为诉求对象，针对这部分顾客，你所引进的品牌要体现出崇尚自我、彰显个性的特征，当然对品质的要求可以相对较低一些。

从目标顾客的角度来看，主要根据年龄、性别和职业等差别来引进她们所接受的产品和品牌。下表列出了不同年龄人群的需求，供大家参考：

20 岁以下	20～30 岁	30～40 岁	40 岁以上
喜欢新潮	表现自我强烈	崇尚流行事物	崇尚端庄
追求流行	大胆，对流行较敏感	渴望永葆青春	特别注重脸部护理
以明星为偶像	重视皮肤保养	注重皮肤保养、护理	有减肥、除皱要求

四、增加家庭装的引进与销售

在日常生活中，很多女性洗脸都会用洗面奶，洗脸后会用一些保养性的护肤品，如日霜、晚霜、眼霜、防晒霜等，这些家庭使用的护肤品包括每天用的彩妆，我们统称为家庭装。

家庭装的销售对美容院来说有巨大的潜力，因为你有一个既定的市场让你来销售产品，即那些到你店里来购买服务的顾客。你满足了她们美容方面的需要，并和他们建立了良好的关系，因此她们便会相信你的专业能力，只要你能提升产品的价值，她们就会转向你购买产品。

除了这种情况外，还有一些女性由于工作或家务缠身，时间不多，或者由于经济条件不允许，很少到美容院做护理，但她们也需要保养皮肤，所以她们一般会选择一些产品在家里做美容。

一般来说，美容院服务收费与销售产品所带来的利润比为4∶6才较为合理，这一比例我国还远远没有达到，所以营业店有必要增加家庭装的引进与销售。

尽管家庭装美容产品的销售潜力巨大，但是竞争却是非常激烈的。你的竞争者主要来自于专卖店、Shopping Mall、药店和直销网络等。

据调查，对于家庭装产品，顾客的首选是商场和专卖店，其次是直销店和药店，只有一部分顾客会在美容院里购买。因此在家庭装美容产品的选择上必须谨慎，要考虑到其产品的完善性，若对这一问题有疑问，可以引进百货线的品牌来完善，使其形成完备的柜台设置。

五、选择让顾客放心的专业化妆品

美容院是美容化妆品公司与终端消费者之间的一道桥梁，美容院通过提供产品和技术服务获得经济利润。但一个让人信赖的专业美容院除了具备优秀的技术、良好的服务态度外，选择让客人放心的专业化妆品也非常关键。

某市消费者李某，在美容院美容师的介绍下，买下了美容院陈列的几种国内知名品牌的化妆品，使用后脸部出现了大面积的丘疹，经医院诊断是接触性皮炎。

经过有关部门调查发现，这些化妆品全是一些没有卫生许可证私自配置的产品，有几种还是过期的，美容院因为缺乏专业性的鉴别知识，购进了假冒伪劣美容产品。所

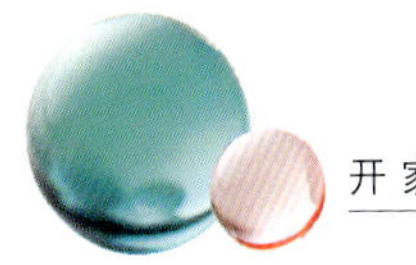

以在你进货或购买产品时，一定要注意以下几个方面：

第一，化妆品标签上应当注明产品的名称、厂名，并注明生产企业、卫生许可证编号，特殊用途的化妆品，如染发、烫发、脱毛、美乳、祛斑、防晒等化妆品，必须有卫生部颁发的《特殊化妆品生产许可证》，并应注明使用方法、注意事项。进口化妆品必须有卫生部颁发的《进口化妆品销售许可证》。只有符合以上几种条件的化妆品，才是符合《化妆品卫生监督条例》的，才可以真正地放心购买。

第二，美容院在进货时最好先在内部人员中试用，效果较好再购入。试用可从产品的气味、手感、质地及用后效果来判断。如用后感觉舒服，无过敏现象，肌肤状态有一定改善，就可初步判断此产品的效果较好。但如果试用效果立竿见影，用了一两次就判若两人，则要引起警觉，因为从常规来讲，肌肤保养护理是一个循序渐进的过程，高速蜕变在某种意义上就意味着潜在危险。

第三，全国各地水土、气候、饮食习惯等差别较大，各地人群的肌肤状况也因此而不同。不同地域的美容院在产品选择上一定要因地制宜，仔细观察、分析产品对不同类型肌肤的作用和疗效，有针对性地选择购买。

例如同样是南方，广东一带气候潮湿、气温高，加之饮食等原因，一般人肌肤毛孔粗大，油脂分泌旺盛，易生粉刺；而江浙一带，四季相对均衡，水质温和，人们的饮食清淡，肌肤相对就较为细腻。这两地的美容院在选择产品时就应该有不同侧重。

总之，美容院是直接将美容产品和服务带给顾客，因此，美容产品是美容院经营的基础，产品的好坏直接影响着美容院的生存。要让顾客放心地从美容院得到满意的服务，那就从选择最好、最适合顾客的美容产品和品牌开始吧！

荷芙蔓美健
HOFMAN MEIJIANY

第七章

美容院的经营管理

营运计划的制定与检讨、营运目标的管理、技术技能管理、服务质量管理、清洁卫生管理、材料器具管理、每日营业管理……美容院的永续经营之道!

我们都希望自己的美容院生意兴隆，但只有正确的开店选址是远远不够的。当我们的店铺开张后，种种经营问题就会出现：如何开发新客户？如何留住老顾客？如何获得好的技术和管理人才？如何保证营业店的服务质量？如何利用有限的营业空间？如何使经营店持续赢利？要想解决这些问题，我们有必要学习美容院营业管理方面的知识。

一、营运的目标管理

1、营运总额的目标管理

一间美容院每天营业额的多少，是投资人和经营者最为关心的问题。那么，影响营业额的因素有哪些？这些因素如何影响营业额？如何控制这些因素，使营业额获得增长？营业额达标后，是否可取得预计的利润？对于这些问题的分析和把握，对于成功经营一家美容院无疑具有重要价值。由于这些问题用文字叙述起来十分繁琐，我们只给出以下几种公式和列表，以便于更好地指导你的经营。

① 营业额的构成

◎营业额 ＝ 交易客数 × 平均交易客单价

◎交易客数 ＝ 通行客数 × 顾客入店比率 × 顾客交易比率

◎顾客入店比率 ＝ 入店客 ÷ 通行客

◎顾客交易比率 ＝ 交易客数 ÷ 入店客数

② 通行客数及受控因素

通行客数，即人流量，取决于以下三种因素，提高通行客数的根本在于努力扩大商圈的影响范围和培养固定顾客。

◎商圈人口构成与交通便利性

◎店的经营特色（口碑、服务、技术、价格）

◎促销策略

③ 顾客入店比率及受控因素

即使营业店位于顾客流量大的地点，若其本身缺乏吸引顾客的魅力，还是难以增加商店的经营业绩。影响顾客入店比率的因素主要有以下几因素：

◎店的经营特色

◎橱窗设计

◎店面设计

◎促销吸引力

◎服务内容多样化

◎竞争店的存在与威胁

④ 顾客交易比率及受控因素

◎接待技巧与顾客的第一印象

◎店内环境与气氛

◎可信奉的专业技术口碑

◎丰富的专业资讯

◎服务项目的设置

◎收费是否合理

⑤ 顾客评价标准

◎店面外观：与美容院相称的、现代明亮的形象，能够吸引过往行人的注意力

◎门口：清洁、易进出，服务项目和价格标示清楚，以照片、海报加深印象

◎柜台：待客有耐心、周到，妥善保管顾客的寄存物品，结账快速准确。

◎等候区：舒适的座椅，提供杂志、报纸以供消遣

◎操作室：设备的安全性为首要条件，设计、照明、音响要精心规划

◎技术服务：优质的技术，和善的态度，能够给顾客专业化建议

⑥ 平均交易客单价及受控因素

◎服务项目的设置

◎产品系列的齐全与完整

◎技术的信服力

◎专业咨询的信服力

◎环境的优雅与舒适

⑥营业总额分析

在日常的经营中，你还要经常性地对营业总额进行分析，以此评价营业店的经营状况，分析的主要项目有：

◎营业总额目标的实现情况

◎营业总额的增长情况

◎来客数的增长情况

◎人员的贡献率

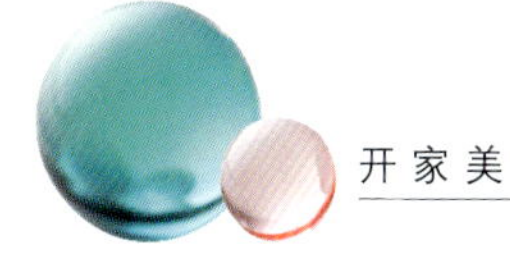

⑦ 营业总额和费用、利润的关系

盈亏平衡点指经营店既不亏本也不赢利的营业总额和费用总额。当盈亏达到平衡点时，营业总额和成本持平，也就是说毛利和费用持平。当营业店的"毛利"大于"费用"后，你的营业店就开始赢利了。

2、存货的目标管理

较高的商品周转速度可以降低库存量，加速资金的流转，提高经营效益。良好的商品运转特征是既不出现滞销商品和高库存，也不出现商品脱销。在实际的经营中，你可以根据美容院近几个月的销售状况和上年同期的销售量，为你的美容院确定一个安全的库存，一般情况下上期实际销售量的1.5倍为安全库存。

为了防止出现库存和脱销风险，我们要加强商品流通过程的日常管理。应着重检查的内容有：

◎收货、验货、出库、销售时单据的开据、查核和计算是否有误。

◎销售的技巧是否掌握，销售方式是否正确，销售信息是否及时反馈。

◎出现断货与滞销品种没有。

在商品流通过程中，因为工作人员的疏忽，会造成库存商品的数量、品种与账面上登记的内容有误差，我们必须借助盘点的形式，正确掌握存货与销售实际情况。

一般允许在一定范围存在盘点误差，如果差距较大，我们应从以下几个方面加以审查：

◎店内商品流转程序有无差错；

◎各岗位负责人有无失职行为；

◎收银或者记账的电脑设备是否存在故障？

在实际的经营过程中，难免会出现滞销商品。怎样判断某种商品是不是滞销品呢？一般来说，和同期同类商品比较，凡是低于正常商品周转速度的商品，即可视为滞销商品。商品滞销的原因有很多，对于美容店来说，主要有以下几种：

◎进货时质量检验员把关不严格，误收残次品；

◎商品销售人员对产品知识了解不够，对顾客解释不够热心，造成销售缓慢；

◎采购人员对商品的流转速率掌握不够。

商品滞销对营业店来说是一种损失，在日常经营中，全体员工应加强商品流通观念，关注商品的销售状况，加快对滞销商品的处理，例如对残次品进行退换货处理，对可以销售的产品加强促销，尽可能减少滞销商品占全部销货额的比率。

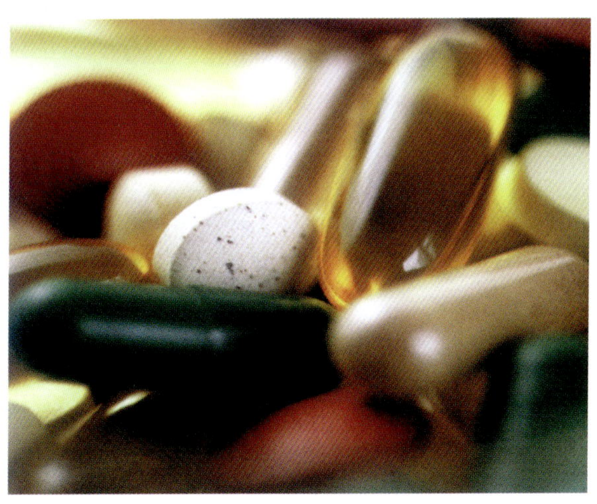

3、费用的目标管理

费用是指在经营过程中，除了服务过程中的材料成本和商品进货成本外，发生的任何其他支出。我们应该按时间周期，记录经营过程中的各项费用。一般需要填写以下表格：

月度费用使用情况登记表

	当月				累计			
	预算	实际	控制率	增长率	预算	实际	控制率	增长率
房租								
消耗品								
修理费								
薪金								
福利金								
水电费								
广告费								
通信费								
交际费								
折旧费								
其他								
合计								

费用的目标管理是在保证美容院正常经营的情况下，尽可能降低成本，增加利润。在日常经营过程中，你可以根据下表计算美容院的成本和盈亏情况，以便清晰把握经营形势，为经营决策提供参考。

美容院成本、盈亏核算表

固定成本	金额	流动成本	金额	收入	金额
房租		水电		护理	
贷款		易耗品		销售	
员工工资		税金		会员卡	
保险费		电话费		其他	
仪器折旧		广告费用			
新置固定资产		促销费用			
		维修费			
		伙食费			
		住宿费			
		奖金			
		其他			
合计		合计		合计	
（收入－成本＝利润）本期利润分析					
备注					

二 美容院的技术管理

经济学家亚当·斯密曾在其《国富论》中指出：一个职员技能的提高，如同一部机器或是一种劳动工具的改进一样，可以节约劳动、提高效率。

随着人们生活水平的提高，美容院的日益普及，恶性价格竞争带来的无效美容服务及低劣产品已经不能满足顾客对消费的基本需求。越来越多的事实表明，"形象"、"服务"、"品质"已是美容院在市场中立于不败之地的关键因素。美容师的技术水平是美容院经营取胜的关键，因此，美容院要不断加强技术技能管理，努力提高技术质量，以此来吸引顾客，争占美容市场。

1、美容师应具备的专业技能

①初级美容师

知识要求

◎具有初中及以上文化程度；

◎掌握基础医学常识：包括细胞的结构和功能，皮肤的基本结构和功能，头部解剖，经络和穴位等；

◎了解化妆品的分类和应用：包括化妆品的类别和主要成分，各类化妆品的特点、作用及使用方法等；

◎美容仪器的使用：包括常用美容仪器的功能、使用及日常保养；

◎美学常识：了解人体特别是面部有关艺术美学及素描绘画的基本知识。

技能要求

◎掌握面部皮肤的护理技巧：会使用各种美容用具，会多种操作手法，会清洁皮肤，会皮肤按摩，能进行皮肤诊断，能对不同皮肤进行操作处理等；

◎掌握初步的美容化妆技巧：会选择使用各种美容化妆用具，懂得美容化妆的基本操作方法，能对不同类别的人进行化妆设计，会卸妆与皮肤保养护理。

职业道德和形象

◎有良好的职业道德和服务形象。

其他要求

◎美容师常用外语：熟悉美容专业常用词汇；

◎服务心理学：懂得顾客消费心理，能区分顾客的不同心理类型。

②中级美容师

知识要求

◎具有高中或以上文化程度；

◎医学知识：皮肤、骨骼、肌肉、经络和穴位等的详细分类、结构、功能、作用、特点等，能区别常见的问题皮肤；

◎化妆品的选择与应用：掌握护肤类、粉饰类、面膜的分类、成分、功能、性状与作用，能处理因化妆品引起的常见皮肤过敏；

◎美容仪器知识：懂得相关物理学常识，掌握常用美容仪器的功能和作用，了解常用美容仪器的构造原理，并能进行简单维修；

◎美学基础：有一定的艺术美学知识，掌握一定的素描和色彩知识。

技能要求

◎皮肤护理：能进行皮肤诊断、分析；会面部特护按摩，会问题皮肤护理，会头、颈、头部的按摩，会手部护理；

◎修饰化妆：了解化妆常用色彩及搭配，掌握局部装饰技巧，掌握面部整体修饰技巧，会不同脸型的特点与化

妆技巧；

◎修饰美容：会修甲、脱毛、穿耳孔、电睫毛、脱痣；

◎美体：会健胸、减肥、调整体型的手法和原理；

◎文刺美容：了解文刺美容的历史、原理与纹刺工具，了解纹刺美容应具备的条件、要求，掌握纹刺美容的操作流程和方法。

职业道德和素质

◎有较高的职业道德和良好的素养。

其他要求

◎美容常用外语：能进行美容常用外语会话，掌握常用外语词汇；

◎美容院的管理：懂经营与销售，会日常管理；

◎具备良好的市场销售能力；

◎熟知主要地区或主要客源国家的风俗习惯、宗教信仰；

◎了解化妆发展趋势和新技术、新设备、新工艺。

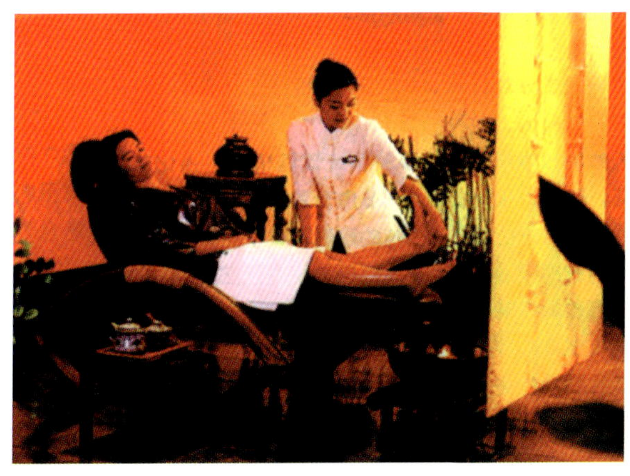

③高级美容师

知识要求

◎具有高中以上文化程度；

◎医学知识：人体解剖知识，经络与穴位，常见问题皮肤的诊断与处理；

◎化妆品的基本理论：化妆品与皮肤生理知识，化妆品的原料与性能，化妆品的保管与鉴别；

◎营养与美容：营养保健基础知识，美颜、美体与合理的膳食结构，主要饮食的营养成分；

◎美学知识：懂得肖像素描和色彩理论；

◎美容发展简史：国外美容发展简史，国内美容发展简史。

技能要求

◎专项美容：包括去除眼袋，去除黑眼圈，洗眉、洗眼线、洗唇线，香氛美容疗法；

◎减肥：人体肥胖的标准，肥胖的分类和成因，几种减肥仪器的操作方法，减肥按摩，常规减肥方法，形体训练；

◎化妆：妆型设计，局部特殊问题矫正技巧，影视妆、舞台妆、梦幻妆、生活妆的不同方法；

◎色彩：了解色彩与季节、心情、形体、服饰的关系和搭配原理。

其他要求

◎美容常用外语：能进行美容常用外语会话，掌握常用外语词汇；

◎美容院的管理：懂经营与销售，会日常管理；

◎能有效促进美容院的产品销售；

◎熟知主要地区或主要客源国家的风俗习惯、宗教信仰；

◎了解化妆发展趋势和新技术、新设备、新工艺；

◎熟悉美容行业咨询，当好顾客的参谋。

2、美容师要有自信的气质

美容师自信可以传递给顾客，并使顾客产生安全感和信任感。在美容院中，不仅经验丰富的美容师要自信，一个刚入行不久的美容师也要有一副信心十足的样子。

第一次为顾客服务时，许多美容师大概会花很长的时间，并且对自己的“作品”毫无把握，但经过长期实践，“哦，原来这样做更好！”你的技术便已日趋熟练。第一次接待顾客的情景现在想起来也要出一身冷汗，那么不成熟的技术，顾客居然接受了，而且满意而归。大概每一位美容师都有过如此的经历和感慨，幸运的是，顾客大都是外行，只要美容的过程令她们愉悦，她们就心满意足了。

假如一位顾客是初次光临一家美容院，在众多的美容师中，不知谁的技术最好，即使是刚毕业的新美容师为其服务，只要这位美容师表现得非常自信，顾客会认为这位美容师一定经验丰富。

3、各项专业技能的来源

专业人才是经过较深的理论学习并且经过长期的实践锻炼出来的，美容院可以根据经营状况适当引进专业人才（例如店长或高级美容师），以树立专业的形象与品牌。其他成员也可以在专业人才的带领下，学习先进的技术技能。

专业的美容美发学校是培养技术人才的摇篮，专业学校的学习周期一般在3个月至2年，主要课程有：美容医学基础知识、中医经络与按摩、化妆品基础知识、美容护理手法及基础知识、色彩与素描、彩妆运用等；高级班加设美容院的经营管理、美容消费心理学、市场营销学、个人职业生涯规划等课程。教育的投入对员工和美容院来说，是一件事半功倍且长期受益的事，因此应该受到重视。

自学、进修是员工自我提升的一种重要形式。在日常经营中，美容院可以适当组织员工开展技能竞赛，邀请专家进行技能培训，借此提高员工的专业素质和技能。

专业技能的获得需要支付大量人力与财力成本，也是经营店的立店之本。对于专有技能，营业店应该制定严格的保密规定，让每位员工特别是专有技能的持有者自觉养成保护技术技能的意识。另外，我们也可以通过合理的薪资管理和岗位升迁来留住专业人才，留住专有技能。

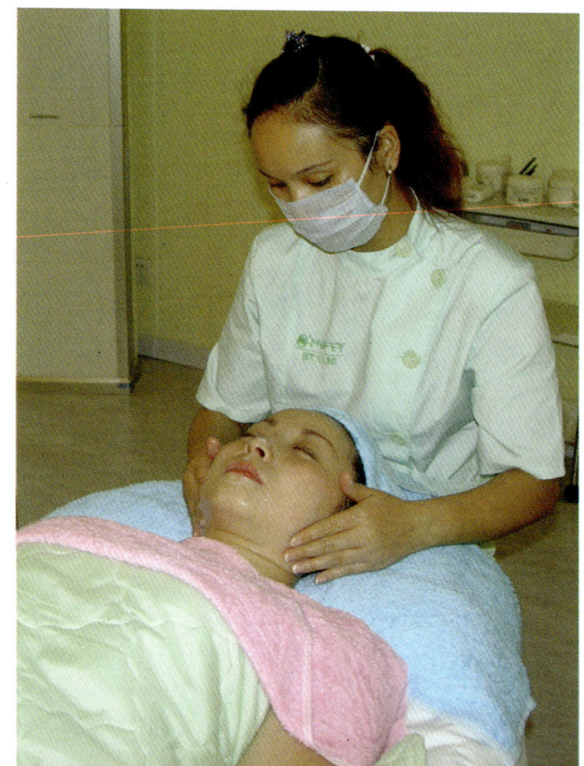

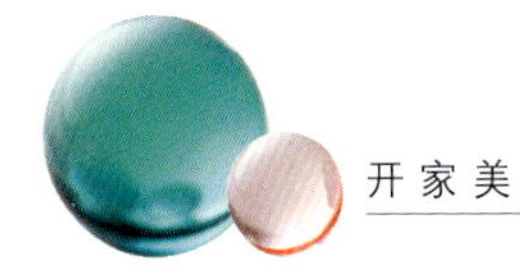

三、服务迎客管理

服务质量是立店之本，是利润之源，是员工收入的保障。美容院和每一个员工必须首先树立质量服务意识，提高自己的技术技能，才能更好地服务每一位顾客。

美容化妆品属于日常消耗品的范畴，根据现有的中国企业对生活易耗品的销售观点，更多地是强调质量与保质期的重要性。

但是化妆品却有别于其他易耗品。无论从竞争趋势还是商品特点或营销现象而言，化妆品必须比其他易耗品更重视质量。从商品特点来看，化妆品是美化人类身体发肤的产品，而肌肤是人生理结构的一部分，因此，为他人肌肤推荐化妆品，是一项专业性极强的工作，必须具备相当的专业知识。

在为顾客服务时，美容院的员工要利用自己掌握的皮肤结构、生理构造、皮肤类型等护肤基础知识，同顾客作专业的沟通，让其明白应该怎样重视护肤，该如何护肤。然后根据自己的产品和服务特色，为顾客量身定做专属于她本人的护理计划，并选择适合她的产品。

1、美容院员工日常工作要点

◎员工工作时，以客人满意为宗旨，集中精力工作。

◎在美容护理前，每次都要有个人指导时间来听取客人的意见。

◎在美容护理前，一定要检查顾客的皮肤情况。

◎在听取客人的要求之后，根据其皮肤的具体情况，提出专业性的建议。

◎美容费用的表示方法：为使客人一目了然，在入口处和醒目位置摆放价格表。

◎经常请员工参加技术培训和技能比赛大会。

◎积极地指导员工学习最新的美容技术资讯。

◎在解决顾客的皮肤问题前，要对顾客进行专业性的提问。

◎在美容护理前问“上次的美容怎么样”，以此来了解客人对上次美容护理的感受。

◎在美容护理过程中，一定边看边做边观察客人的反应，并进行简要的说明。

◎对肤质的具体情况进行分析后，合理推荐最适合的服务内容。

◎给客人推荐产品后，要把详细的使用方法告诉客人，使客人在家也能正确保养。

◎顾客如不慎过敏并产生不满时，美容院应及时采取补救措施，及时妥善处理，保护顾客的权益。

◎在为新顾客第一次作护理时，要根据其皮肤情况考虑调适反应。为了不使客人的皮肤有强烈的不适反应感，在选择产品时多考虑其适应情况。

◎美容师要根据顾客的皮肤状况规划护理疗程，之后再做护理，同时提出每一次护理后的建议。

◎因个体差异，每一位顾客都有特定的护理肌肤记录，每次来都提出好的建议，提出与客人肤质相适应的配方。

◎要仔细地考虑客人的日程和时间，询问客人当天的计划，绝不耽误客人的时间。

2、美容院员工赢得客户的几项建议

◎训练员工，使她们面部表情松弛，保持微笑，随时准备为顾客提供服务。

◎铃响三声快速抓起电话，并详细记录电话内容。

◎遇预约电话，如当时没位，须回电通知；如电话问价格，请客户上门接受专业咨询；如客户非要问明价格，也一定要问明客户究竟做什么项目再回答，避免张口就答，或低价引诱，让客户产生被蒙蔽之感。

◎微笑，整个世界将属于你。用眼神传达发自内心的微笑，才会真正赢得客户的心。

◎在美容服务的每一个环节，向客户和同伴多多表示真诚的感谢并接受感谢，这将给顾客带来相当专业的感受。

◎将每个顾客都作为唯一来对待。

◎使用“您好”、“请”、“欢迎光临”、“对不起”、“谢谢”等用语，随时与人交流，热情地对话，热情待人，会令客户有宾至如归之感。

◎用热茶、水果、糖果和书籍、修甲等附加服务，使（不可避免的）等待成为愉快的事，每个员工都能表现出乐于助人的风貌。

◎表现出对产品及服务的强烈自信，每开口必先恭敬地称呼客户的名字，然后开始介绍自己和自己的服务。

特别提示：服务源于细节，千万不能认为产品和仪器才是客户认同的投资，那仅仅是资金投入和试图使客户感兴趣的努力，真正能留住客户的是员工的行为表现。把每一个细节发自内心地做好，为顾客着想，才会真正赢得顾客。

不能犯的错误：只重产品、项目、仪器，忽略员工的服务素质。或用一般水平的员工来从事最重要的、同顾客打交道的工作，结果造成顾客对美容院服务水平的置疑。

3、顾客投诉与异议的处理

◎了解顾客抱怨的原因。

◎顾客对经营店提供的服务、销售的商品不满意或者对店内外的环境、店员的态度等方面的不满意都可能成为抱怨，我们每个人都应该对此负责，并及时妥善解决。

◎处理客诉的程序和决定权应该明确。

◎处理客诉的态度及方法。

◎决不能感情用事。

◎立即处理解决。

◎认真负责的态度。

◎缓和顾客情绪。

◎不要指责顾客的错误。

◎不得和顾客争吵。

◎应该从顾客抱怨中汲取经验。

◎制定明确的顾客投诉或抱怨处理规定。

◎制定明确的客诉奖惩办法。

4、顾客需求及服务质量的反馈

定期收集、整理顾客信息，并根据其显现的情况，对本店的营业状况做相应调整，保持顾客满意第一，是美容院持续经营中不可或缺的重要内容。

示例：阳光美容院顾客满意度调查表；阳光美容院顾客需求调查表。

阳光美容院顾客满意度调查表

年　　月　　日

满意程度 服务内容	不好	一般	很好	哪些需要改进
店面清洁卫生				
美容师个人清洁				
产品品质				
护理效果				
美容师手法（技术）				
美容师态度				
前台接待				
收银速度				
……				
……				

顾客签名：　　　　　　　　　　　　美容师签名：

阳光美容院顾客需求调查表

年　　月　　日

顾客正在实施的服务项目				
顾客需要增加的服务项目				

顾客签名：　　　　　　　　　　　　　　美容师签名：

5、服务质量管理中应注意的事项

◎在经营店里，不要有使客人不愉快的言行。

◎在美容护理过程中，不要过多地以个人主观的立场提出问题。

◎在营业中，员工不能议论客人或絮絮叨叨地聊天。

◎不要以敷衍的口气，而应用规范的用语应酬客人。

◎对客人要像对朋友那样以亲切态度来接待。

◎不要无视客人，吧嗒吧嗒地走来走去或把物品放得乱七八糟。

◎不许员工穿得不整齐或穿着脏乱衣服工作。

◎对客人进行技术上的说明时，不要采取自认为了不起的态度。

◎对客人同等对待，不要因对某些客人特殊礼遇引起其他客人不愉快。

◎不要把客人担心的缺陷（发少、白发、体型等）不

经意地说出来。

◎要根据客人的穿着、佩戴物改变用语和应酬方式。

◎对客人提出技术上的要求时，不要出现不愉快的脸色和态度。

◎在美容护理过程中，经常考虑到其他客人的存在，告诉等待中的客人预定时间。

◎在询问了客人的要求后，要适时地提供饮料和杂志。关于杂志，要有生活类或符合多种客人要求的杂志。

◎要把服务流程和特别服务仔细地向客人作说明。

◎认真细心地保存客人的物品。

◎美容结束后，要认真帮助顾客整理妆容。

◎结账后，要对再次来店的时间提出建议，并周到地送出门外。

◎对在营业高峰或停业期间来店的客人以真诚的态度给对方留下好感，并预约下次时间。

◎要通过征询意见来听取客人的呼声。

◎要进行提高接待水平的专业培训。

◎注意收集能与客人进行愉快谈话的话题和信息。

◎让员工了解你的目标或想法，努力提高全体员工的工作积极性。

◎努力进行公平的评价和改善待遇，提高员工的道德水平。

◎有意识地为员工创造学习礼节和基本常识的机会（例如在饭店里聚餐等）。

四　清洁卫生管理

美容院平时就应保持一种干净且亲切的气氛，因为这是顾客进门的第一印象。干净与卫生并不是简单的窗明几净，还包括美容工作现场的条理性，比如工具摆放有致，工作流程井然有序，整个服务过程有条不紊等等。

简洁典雅是我们进行美容院布置时必须遵循的首要原则。室内可以摆放一些绿色植物进行点缀，但要切记不能过多，以免使美容院成了花房。另外，大厅里面的背墙、展示架、装饰物以自然为好，比如采用木质原色等等，典雅、明快的布置可以使顾客一进门就有一种轻松惬意的感觉。

要保证美容院最佳的卫生状况，仅仅只靠布置、打扫和消毒是不够的，还必须要有一套具体的措施。有时我们在忙碌的日常工作中，特别是对于一些经验不足的美容师来说，这些措施很容易被忘得一干二净。美容师自己一团糟，也难以令顾客对自己的店铺产生一种环境良好的印象。

对于一些比较细心敏感的顾客来说，她们从进门第一步起，就开始为美容院打起分数，然后根据自己所闻所见加以评估，再根据自己的判断来决定是否接受服务。所以我们除了在日常工作中就开始注意建立良好的口碑外，在服务的过程中，更要向客人重点强调店内清洁卫生的一些具体做法，使客人放心满意。如果遇到客人咨询问题，可以交由接待员或者店长来处理。

1、严格规范的工作流程

当顾客进入美容工作间开始接受服务时，美容椅（床）上应铺一条新的床单，并为顾客从头至脚盖上干净的大毛巾。

工作台一定要保证井然有序，也就是说，除了工作需要用到的工具之外，不要摆放其他的东西。在工作台上应该准备好常用工具，一般有常用化妆仪器、抛弃式针头

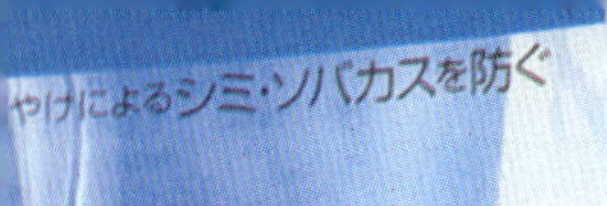

（纹眉针、扫斑针、去暗疮针等）、常用化妆的色料、（抛弃式）颜色盒的支撑架、消毒皮肤和工具的药水、消毒棉花、置于卫生盒内的长棉花夹、装抛弃式针头的再生盒、麻醉软膏、专门的保养乳液及抛弃式手套和口罩等等。其他的材料则要趁客人在场时准备，以便让客人了解你的认真、细致，从一个侧面显示自己的专业性，帮助顾客建立起对你的信赖。

美容师在工作间要身着整洁划一的制服，使人感觉整体统一、和谐；工作时须佩戴口罩和头巾（或帽），手上的饰物一定要摘去，脸上的化妆品在为客人服务之前要清洗干净；戴上口罩与顾客沟通时，尽量用手势来传达信息。

准备工作包括消毒双手、把棉花蘸湿，准备好美容毛巾、棉花垫、麻醉剂和颜料、戴上抛弃式手套；再次是装上针头，混合好颜料，开始进行之前要记得戴上口罩，这样可以使顾客打消细菌感染或者用品不清洁的担心，治疗结束后要消毒工具及工作场所。晚上歇业之后，再把整个美容中心打扫一次，然后将地板消毒，打开紫外光灯消毒。第二天仍旧保持这种井然有序的格调进行工作，如此下去，一定会使你的生意蒸蒸日上的。

2、美容院的“味道”

气味会影响人的心情，来美容院的顾客当然是为了追求美好和快乐。人们常说：“美容院是出售梦境的地方。”如果一位美容师身有异味，或者环境中有难闻的气味，顾客便会大为扫兴。

“哦，你午餐吃的是葱油煎饼吗？”如果顾客这样问一位美容师，那么这位美容师就说不上称职。因为许多女性顾客每天都面临着家务琐事，最让她们头疼的就是安排一日三餐的饮食。当她们终于能带着轻松解脱的心情来到美容院后，却又一次闻到厨房似的气味，她的好心情便会被击得粉碎。

另外一个必须注意的问题是体臭。令人不快的体味是由于头发、腋下等出汗所致。如果美容师没有洗澡，那么早上起床后应擦洗身体的有关部位，喷上少量的香水，带着清新怡人的气息投入工作。

与人交谈时，最令人尴尬的莫过于口臭，美容师一定要养成常清洁口腔的习惯。不仅是口臭，衣服上斑渍的气味也是与顾客打交道时的行业禁忌，比如做饭的油腥味、婴幼儿的奶腥味等。要知道，顾客付钱是追求享受的，决不要将那些令人不舒适的气味带入美容院。

生意兴隆的美容院与经营不佳的美容院，区别主要在于是否满足顾客的心理需求。顾客在美容时，心里总有一种愿望，就是想让自己显得更年轻，更漂亮，更健康。如果一间美容院充满活泼的气氛，员工让人感觉年轻而富有朝气，无疑更能引发顾客的好感。这与经营者、美容师的年龄没有直接联系，关键是要将生机勃勃的气氛，例如愉快的微笑、轻盈的步伐、优雅的举止、适度的幽默、得体的服饰、昂扬的激情等在美容院里表现出来。

许多顾客在进入美容院之前，之所以仅凭直觉就知道其经营的好坏，实际上就是根据店内是否有朝气，是否充满活力，是否让人感到年轻等气氛来判断的。

美容院，特别是经营一些有特殊功效项目的美容院，可以布置得带有一些医疗机构的氛围，以增加美容院的专业形象。这是非常吸引顾客的一点，尤其是不常去美容院的顾客，她们会感觉到美容院是一个可以发挥医疗效果的地方，但是千万不要把美容院布置得跟医院一模一样，因为这样会令人望而生畏。可以在服务区采用一些白色，搭

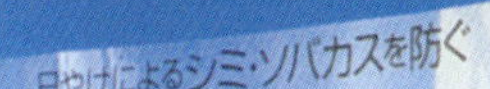

配明亮而柔和的其他色彩，另外空间要宽敞舒适，墙壁和地毯的颜色要协调，播放的音乐要轻柔舒缓。

3、美容院清洁卫生要点

◎每天一次的清洁卫生工作，包括美容用品、用具；产品设备的加水；地板、按摩床、沙发、茶几、毛巾的洗晒、消毒；垃圾的清倒。

◎每周一次大扫除，包括空调、风扇叶、吊顶、蜘蛛网、床罩、沙发套、床柜、窗帘、床底、沙发底、墙面。

◎每月一次楼外、室外清扫，包括门面外、窗外走廊、电线、煤气罐、水管等安全设备。

美容院安全卫生检查表

检验项目	待改善事宜	说明	负责人
消防	无法使用，道路堵塞		
灭火器	失效、堵塞、缺少		
走道	阻塞、脏乱		
门、窗	阻塞、损坏、开关不灵		
地板	损坏、不清洁、打滑		
楼梯	损坏、脏乱、阻塞		
厕所	脏臭、漏水、损坏		
办公桌椅	损坏、		
美容床椅	损坏、摇晃		
店面四周	脏乱		
一般仪器	保养不善		
插座开关	损坏、不安全		
电线	漏电		
供水	漏水、排水不畅		
仓库	凌乱、防火、防盗不善		
废料	未处理、放置凌乱		
宿舍	脏乱		
各种材料准备	不齐全、有积压		
植物花卉管理	缺水、脏乱		
收银台的整理	不整洁		
接待区等候室	气味不雅、脏乱		
服务用品整理	凌乱		
灯光、音响、空调	功能不全		
垃圾筒	未清空		

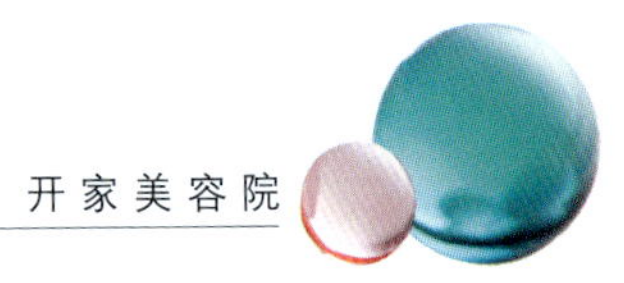

五．美容院日常营业管理

1、店面接待客人的方法

◎接待客人，不可因客人身份、服装差异而有所不同，对所有客人都应以亲切、机敏的态度来对待。

◎当客人进店时，应及时主动地与其打招呼。打招呼可用点头示意，亦可用简单的"您好"、"欢迎光临"等寒暄用语。

◎要尽可能记住客人的姓名、住址、特征、个性，尤其是缺少耐心、不易应付的客人，要特别用心对待，设法与之谈成交易；如果客人多次来店而店员仍不熟识，将会令客人感到失望；只来店两三次却能以10年交情的态度对待对方，是美容院经营成功的秘诀。

◎即使客人进店时默不作声，亦应积极询问客人需要些什么，需要为她提供什么样的服务等等。

◎在给客人出示商品时，如出现失误，应立即说"非常抱歉"；如果因为工作关系使某些客人被怠慢，应向其打声招呼："很抱歉，请您稍候"，事后还要再次表示歉意。

◎服务台的服务人员应该尽量多设几人，不要使人觉得店面空无一人；对于有特别交易往来的客人，应注意不可怠慢，但也不可特别礼遇，以免其他客人觉得在这里受到歧视。

◎接待客人时有必须接的电话或办理其他重要事项，须以眼神征得客人默许，并表示歉意。

◎如果客人询问起生产厂商或其他代理店的位置，或者邮局、银行所在位置等其他与交易无直接关系的问题，店员应亲切告知，不可表示出不悦；如果店员不甚清楚，也不可敷衍了事，应咨询其他人员；遇到超出能力范围的事，也应慎重地拒绝。

◎如客人无特别事由，不可任其进入柜台内部。为防范各种意外，必须留心这一点。

◎营业过程中，店员不可聚集闲聊；在同客人接触中，不可使客人感觉难堪，例如，不可大声喊叫："付款请到那边去"等等；在事务繁忙时，如遇到爱唠叨的客人，应机敏地中止彼此的对话。

◎客人遇有紧急事件，在不妨碍营业店业务的情况下，可将电话借给客人使用，这时仍不要忘记以亲切的态度来接待。

◎如客人委托保管携带物品，除了危险物品及贵重物品外，应乐意地接受；客人委托留言时，可将其内容写在留言板或便条纸上，届时传达给当事者；如对方没来取回寄放的物品，应该打电话通知，提醒对方或等她下次来店时交还该物品。

◎客人停放在店前的自行车、轿车上如放有物品，服务人员应在人多时留心看守，或督促客人留心，以免遭窃、遗失或错拿。

◎当客人离店时，应说"再见"、"非常感谢"、"让您久候了"等用语；即使不是自己接待的客人，当客人走过时，旁边的服务人员也应礼貌地同客人道别。

◎在卖场上要使用公司规定暗语（表示商品价格、等级的特别用语），以顾全客人的忌讳，保守店内的秘密。

2、出示商品的处理方法

◎店头贩卖时，出示商品动作须迅速、准确，这是促进商品销售最重要的因素之一，务必谨记。

◎商品的陈列位置，有无库存，店员应尽快设法牢记；为使自己记忆准确，店员应尽量利用空闲时间巡视货

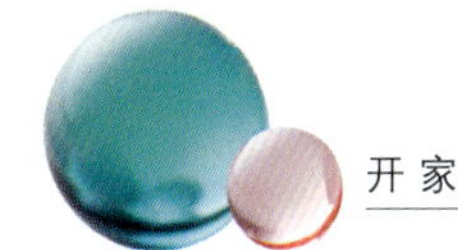

架，经常补充物品及整理货物架；商品陈列部门负责人每天早上至少要巡视一次店内所有的货品陈列架。

◎接到顾客提货单时，应迅速辨认物品是否为库存品，如为库存品，应立即自货架上取下，交给客人；如果发现取货人不是原来的人，应与客户联系确认并通知主管。

◎如果客人为代理商，应请其出示签账卡后再将物品交给他。签账卡与银行存折具有相同的意义，处理时应慎重，如发现有任何可疑之处，立即找主管商量处理。

◎如果顾客所要的物品目前没有库存，负责员工应直接告知客人，请对方到订货受理负责人处填写订货单，或者请供货厂商立即送货。这时应该向客人说明，以便客人心中有数。比如："目前此物品已无库存，我们立即请厂商送来，届时我们会为您送去。""如果您不急，我们先帮您叫货过来，改天取货。"或者"进货的厂商是××，因为送货需要花些时间，在×日×时之前，物品将可送到。"如果客人急要该物品，可建议她："如果你急着要的话，可否请您直接到进货厂商处去取货。"

◎对于签账的顾客，除信用良好的长期客户之外，凡付款、购物情况有可疑之处者，应及时向主管报告，以斟酌交货内容或数量；如果主管亦认为该客人信用不可靠，必须与总务部协商，制定交易的对策及处理办法。

3、美容师的日常管理

美容院是人们对皮肤进行特别护理及美容的场所，美容师在美容院中占有极其重要的地位，美容师的日常表现，对美容院的经营业绩及服务质量起着重要作用，因此，美容院要特别加强对美容师的管理。

◎美容师上岗前必须检查个人卫生及仪表，尽量不梳披肩发，头发不可遮住眼睛而影响工作，应化淡妆，注意个人皮肤卫生，保持明朗大方、亲切和蔼、端庄稳重的仪容姿态。

◎严格遵守操作规程，按照每一个服务项目及每一种产品的使用说明，精心完成每一个美容服务步骤，不得随便缺时或逾时；每一种服务项目自始至终由一个美容师来完成，中途不得随意替换，以免出现重复或错漏现象，并且有利于观察客人皮肤的改变。

◎营业时应及时收集用完的毛巾、海棉扑、包头巾等物品，送清洁间清洗消毒；一次性的棉签、纸巾或硬模、面膜等物扔到垃圾桶内，垃圾桶应及时清倒，以免产生不良气味，影响美观；工作台不能留有脏痕水迹。

附《美容师月工作记录卡》。此表格的目的是体现美容师一个月的工作业绩。

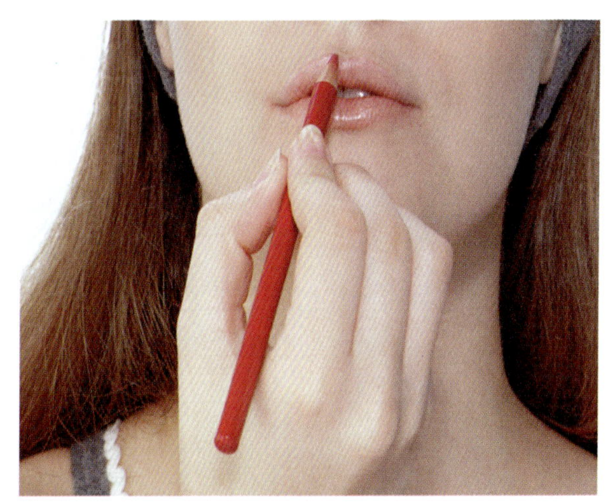

美容师月工作记录卡

____年____月____日　　　　　　　　　　　　　　　　姓名____________

日期	护肤项目		美容项目				金额	美容师签名	收银员签名
	基本护肤	专业护肤	健胸减肥	美甲	化妆	文绣项目			

4、服务记录制度

服务记录制度是指服务操作过程中的业务技术项目操作记录，它能协助美容服务人员积累经验，检查工作效果，避免产生差错。

具体做法是由专职服务人员每天在工作日记上记录客人所接受的服务项目名称，登记服务的时间，所使用的原材料（化妆品）名称，数量及美容效果。

美容院除工作日记外，还应对一些美容包月服务客人设置美容服务登记卡，给登记卡编号入册，并在登记卡上注明美容包月服务的项目、服务时间及使用的化妆品牌号、名称。

每次包月服务应由服务人员认真填写工作完成情况并签名。

附《顾客档案卡》，供美容院参考借鉴。

顾客档案卡

档案编号________姓名__________电话________________地址 __________________

日期	服务项目	顾客感受	顾客签名	美容师签名

5、服务收款制度

美容院的服务与收款是经营活动中的两个主要环节，收款方式应以方便客人、环节紧扣、责任明确为原则，通常采用柜台集中收款方式。采用柜台集中收款方式的美容院应设收款处，指派专人收款，顾客先接受服务后收款。客人美容完毕，由服务人员按服务项目、收费价目确定收款额，并认真填写在结算单上，要求一式两份。客人到收款柜台，由收款人员收款并签名，并将第二联交还美容师，作当天结算对账。这种收款方式，可以结算服务收入并计算个人劳动收益，具有计算方便，责任分明等优点。

美容院营业结束，必须当天结账，盘点营业现金，填写营业日报表。

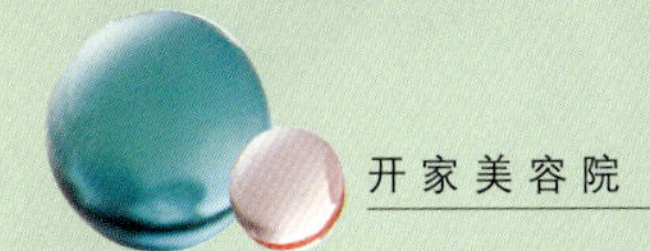

结算单

_____年____月____日

品牌服务项目	总金额	美容师签名	收银员签名	备注

美容中心营业日报表

工号	姓名	金额	备注

	服务项目	人数	金额（元）
	基本护肤		
	专业护肤		
	健胸减肥		
	美甲		
	化妆		
	文绣项目		
	其他		
	实收金额		
多	多款		
缺	缺款		
	多缺原因		
	附记录卡		
	出纳收款		

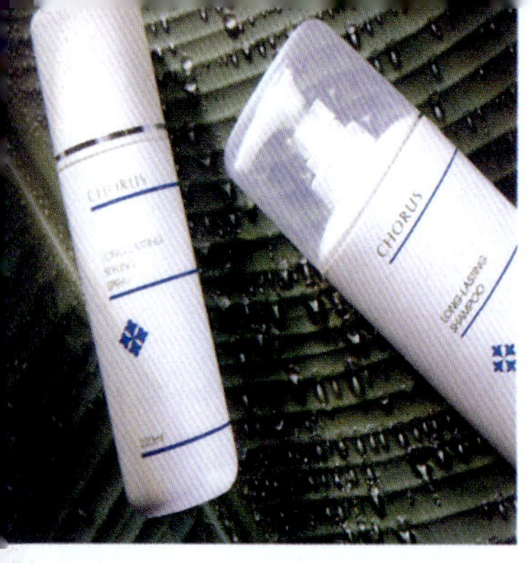

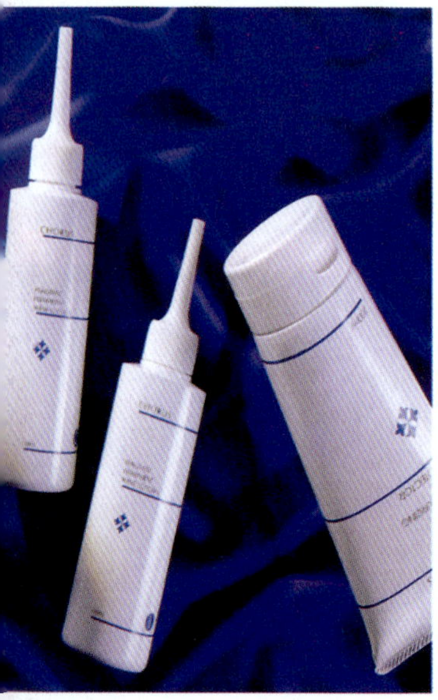

六. 其他管理建议

建立顾客资料档案，对于你成功地留住老顾客和发展新顾客会起到意想不到的作用。比如，如果你能知道顾客的某些私人资料，那么在和顾客的交谈时就能更好地掌握交谈的话题和谈话的分寸，增加顾客之间的亲密感，私人的特别服务也会较多。

透过顾客在服务项目上的消费资料，你可以建立一套这位顾客光临美容院的沙龙模式。这份资料可让你对未来的生意作某种预测，对未来长期的规划而言，这是非常重要的，而且还可以协助你追踪其重复消费的情况。

如果你了解某位顾客的消费模式，那么她接受下一次服务之前，你便可寄一张卡片提醒她，这不失为一种稳定顾客的好方法。

为顾客建立档案时，要牢记一点，别去刺探对方的隐私。和顾客聊天时，尽量谈一些表面上的话题，知道了对方的新资料时可将之记下来。另外，单纯搜集资料是不够的，你还要多花时间来阅读你所搜集的资料，将这些资料加以分析，从中找出可以利用的商机。

虽然你不需要借助电脑就可以非常有效率且精确地处理资料，但是对于资料的保存，或许你得考虑将其电子化，因为电脑在处理资料方面确实有其不可替代的作用。当你需要这些资料却偏偏找不到时，对你的经营是非常不利的，而利用电脑查找资料，则会非常方便和迅速。

第八章

美容院的服务营销

在美容产品、市场、消费者都日益成熟的今天，如果美容院只满足于把产品卖给消费者，无疑就是裹足不前了。美容企业在形成一定规模后，接下来面临的问题是如何保持稳步的增长，而营销工作是其中非常重要的环节。

市场经济是一种竞争经济，但相当一部分企业不是败在质量和价格上，而是败在服务上。服务，已被经济学家认为是第二次竞争。美容业更是依赖于服务的产业，我们销售的核心其实就是"服务"，顾客对美容院的认可也取决于她对美容院提供的"服务"是否认可？因此，在现代营销理念中，专门谈到了服务营销。

一、服务营销的概念

所谓服务营销，是指依靠服务质量来获得顾客的良好评价，以口碑的方式吸引顾客，维护、增进与顾客的关系，从而达到营销的目的。

这里所说的顾客是"潜在顾客"、"顾客"、"长期顾客"和"支持者"的统称。我们可以从下图中清楚地看到他们各自所在的层次：

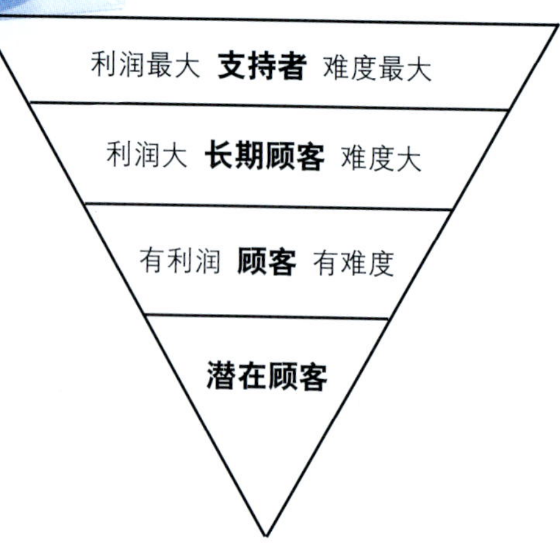

◎潜在顾客。指尚未成为顾客，但具有这种可能性的消费者。

◎顾客。使潜在顾客产生购买和消费行为具有一定难度，但从商业角度看有一定利润。

◎长期顾客。在美容业中指已经购买营业店的产品或已接受服务的顾客。使顾客变成长期顾客具有相当大的难度，但其利润也较大。

◎支持者。指顾客购买产品或接受服务后，因口碑效应为营业店做公众传播的顾客。使长期顾客变成支持者的难度最大，相应的利润也最大。

作为营业店来说，拥有后两类顾客的数量越多，则其发展就越稳定，越具有长期赢利的潜力。而要想达到上述目的，就必须借助于“服务营销”这一有力工具。

二、服务营销与传统营销的区别

服务营销与传统营销区别对照表

服务营销	传统销售
长期性	不特别重视服务
关心全过程的服务	较多关心产品质量本身
全员性接触	侧重于单次销售
较多的承诺	对顾客的承诺有限
实施相对困难	相对容易
影响整个组织	部分相关部门
注重员工的工作主动性	在服务方面比较被动

三、服务营销的特点

准确而又清晰地界定服务这一概念比较困难，"服务"一词包含了非常广泛的内容。自20世纪五六十年代开始，学者们试图从不同的角度为服务做定义，每一条都或多或少地包含了服务的某些特征。

根据国外早期的"服务"理论，服务营销大致有如下几种特征：

◎无形性。"服务"是一种执行的活动，消费者很难在购买前看到结果，它所引发的管理问题有：服务成本计算困难，无法利用专利权保障，无法利用商品展示，价格制定不一。

◎异质性。由人来执行的活动，其服务品质不容易维持统一的水准，服务量大时，品质控制较困难。它所引发的管理问题有：品质化标准控制的困难，如因材施教所产生的差异性和美容师本身情绪上的自我控制等。

◎不可分性。有形产品是先生产后销售，继而消费使用，而服务往往是生产与消费同时进行。它所引发的问题有：消费者主观性很强，容易受其他消费者主观意识的影响，无法实施流水线操作和大规模集中生产。

◎不可储藏性。服务是无法储存的，而关于服务的各项设备，若当时不加以使用，就形成虚设或浪费。它所引发的问题有：需求的被动和客源的不稳定，从而使美容师的编制及培训计划不容易落实。

◎全员性。服务营销不局限于专业的美容销售人员，整个组织的任何一个人都是营销者，例如前台人员与美容师的配合、前台人员的素质与着装等，都充分体现了营业店的管理水平和实力。

郑女士有一次陪同朋友李小姐去一家美容院做护理，由于郑女士不想做护理，就在外面等候。这时，前台小姐安排她到贵宾座落座，并泡上一杯美容茶，彬彬有礼地说：我为你准备了一些国内外美容时尚杂志及我们美容院服务范围、特色及产品的资料，如你发现有什么服务或产品是你感兴趣的，可立即告诉我。郑女士当即被该美容院细致的服务所感动，最终成为它的忠诚顾客。这就是全员服务营销的一个典型的案例。

四、美容院的服务营销

随着目前市场竞争日趋激烈，经济环境、社会环境、法律环境和服务意识不断发展变化，将专业服务型营销管理提升到美容院经营的战略性高度，已经愈来愈获得业内人士的共识。

美容院实行服务营销管理，需从以下几个步骤出发：

1、选择目标市场

真正了解自身优势，瞄准某一细分市场，先形成局部优势，在条件成熟的情况下，再进行业务扩张。美容院（特别是中小型美容院）千万不能既做护肤保养，又做瘦身减肥，既做除斑纹眉，又做隆胸手术，只要是客户需要的，一应俱全，这样必然导致样样都有而样样都不精。如果我们不能首先挑选部分客户，将来就很难有顾客挑选我们的美容院了。

2、树立服务理念

实施服务营销，首要和关键的一步就是要使营业店所有员工树立良好的服务理念。思想是行动的先导，只有理解了服务顾客的巨大价值，员工才会积极投入地为顾客服务。"顾客"与"上帝"是两个常用的名词，但这两个名词不应放在嘴上，而应放在心上。一个聪明的美容师要把"服务第一"的宗旨放在心上，落实到行动上，为每一个顾客提供一流的五星级服务，让你的顾客觉得她花的钱是值得的。

店长不但要服务于顾客，还要真诚地为员工服务，在整个营业店中培养出一种相互尊重、相互服务的气氛。

一分耕耘一分收获。如果你愿意付出更多，提供更好的服务，你成功的机会自然比别人大得多。

3、分析顾客心理需要，以特色取胜

美容院尽量以单一市场起家，一旦成功，再探讨扩大商圈，进而增加新的业务项目。应该注意的是，你所提供的服务项目是富有特色、并能真正满足顾客需要的。

如日本京都一间"化妆咖啡屋"吸引了很多年轻女士。在这家别具一格的咖啡屋里，你只要一落座，既是服务小姐、又是化妆师、同时还兼做售货员的侍者会给你端来一杯香气浓郁的咖啡，让你边喝边化妆。化妆台上摆有几十种供你挑选试用的化妆样品，并有热心的化妆师耐心为你解答各种问题。

一笔笔生意就在浓浓咖啡香中成交了，这是日本商人的精明之处。他们并不注重表面的算计，而是潜心研究消费者的内在心理，善于营造"润物细无声"的微妙境界。

美容院要形成自己的独特风格，不仅要在内外形象上下功夫，在服务与产品方面也应有自己的特色。你可以在专有技术、经营策略、店面设计、方便客人的营业时间、针对不同客人的服务与产品等方面创造自己的特色。

4、强强联手，资源共享

每个美容院都有自己的顾客资源，特别是美容连锁企业。同时，作为生产和销售女性相关产品的企业，也会有自己的顾客资源。如果双方联手，资源共享，将会大幅度提高各自的经营业绩。比如京露虹美容有限公司2002新春情人节与金帝巧克力公司联手促销，使其代理的专业美容化妆品成为节日期间热销的礼品，占有了很大的市场。

中小型营业店也可以运用这种策略。例如，你所在的区域有一家婚纱摄影公司，就可以联合他们来为你促销服务项目，如新娘的脸部修饰和保养等。当然，你也应该向你的顾客推荐这家婚纱摄影公司，只有使双方都获利的合作才能长久持续下去。

5、服务质量管理

服务结果的好坏，最终取决于顾客的评价。只有通过服务质量的有效管理，营业店才能知道提供的服务是否符合顾客的需求，与竞争对手相比是否处于优势地位。具体的要求一般是：

◎首先，必须确保顾客使用和购买的产品是适合而可靠的；

◎其次，美容师的专业知识和技能应该是一流的；

◎再次，记载每一位顾客所接受的护理、存在的问题以及销售给她们的产品，定期提醒顾客前来继续接受护理以及补充化妆品、保养品等，了解其使用产品后的情况，告知一些新品新讯。

◎最后，每个美容师应该有自己的预约记录表，以便合理安排时间，为顾客提供方便，避免浪费顾客的时间及金钱。

6、服务营销的常用技巧

①合理调节供求

一方面，美容院应设法改变顾客的需求时间，减少因供求失衡造成的顾客不满或设备和人员的闲置。一些参考做法如下：

◎实现差别定价，在高峰期价格定得高一些，在非高峰期价格定得低一些，增加非高峰期的基本顾客，使美容院的设施和人员得到均衡使用。

◎拓展非高峰期的服务内容，刺激需求。可以在非高峰期增设一些特别的或新的服务项目，如赠优惠券、礼品等。

◎提高高峰期的辅助性服务，在高峰期为了缓解供不应求的矛盾，向等候的顾客提供美容、美发相关书籍，或提供按摩椅舒缓身心，以消除、缓和顾客等候的不满。

另一方面，根据服务需求的变化情况，及时调整服务供求的基本平衡，提高企业的经营效益，可采用以下方法：

◎调整服务的时间和地点，比如在节假日延长服务时间，增设临时性服务网点。

◎鼓励顾客参与，即鼓励顾客协助服务人员完成相应的配合工作，增加彼此的信任。

◎雇佣临时性兼职员工，以增加高峰期的服务供给量。

◎加强对员工的交叉训练，使员工成为一专多能的多面手，随时补充其他部门人员的不足。

②采取适当的价格变动

在美容业的服务营销中，价格是服务产品转化为收入和利润的唯一因素。由于美容顾客的服务需求带有明显的时间性，美容院的服务产品不能预先制作，因此，解决服务在时间方面的供求矛盾，主要依靠价格的变动来调节。不同的美容院可采取不同的定价策略：

◎声望定价法：即根据美容院的声望来制定价格，以缓解人力资源不足的压力，避免因此产生的服务不周的情况。

◎分级定价法：即把服务产品分成几个档次，每个档次定一个价格。例如根据员工的职称按美容师、高级美容师、美容技师确定服务价格。

③建立个人联系，强化关系营销

1985年，美国的营销学者巴巴拉·本德·杰克逊提出了“关系营销”的概念，此后关系营销的思想被融入了各种企业的营销理论之中。

营销的本质是交换，而交换中的各种关系至关重要，其中最主要的是企业与顾客的关系。对美容院来讲，顾客满意是企业创造利润的保证，因此，在服务过程中一定要尊重顾客，倾听顾客的需求，一直保持与顾客的密切接触，不断以新概念来加强彼此的关系，使她们以高度的忠诚养成持续的消费习惯。比如：可以经常邀请客户参加各种娱乐活动，使双方关系逐步密切；记住主要顾客及其家人的生日，并在当天赠送鲜花或礼品以示祝贺；还可以利用自己的社会关系帮助顾客解决一些实际困难。

但要注意，这种个人联系易于造成企业对营销人员的依赖，增加了管理的难度。

④重视宣传和传播

为适应服务产品的无形性特点，美容院进行宣传一般采用以下几种策略：

◎进行形象化宣传，如要求服务人员穿着整齐的制服，设计代表美容院的吉祥物或徽章等，把美容服务与某种有形物体联系起来宣传。

◎注意对美容师的宣传，比如强调某个美容师的技能和信誉。

◎如果你是注册美容师，还可利用专业知识免费为当地报纸写专栏。

◎如果你的口才不错，不妨考虑每周定期开设美容知识讲座，借此机会来开发顾客。

此外，你还可以通过给每个服务项目设计一个象征性标志，来使无形的服务有形化。

6、避免价格大战

许多美容院都把价格作为竞争的法宝，实际上，当要素资源处于共享状态时，竞争就不再是建立在优势基础上的价格竞争了。而且，价格大战有着许多弊端：

①竞争者容易模仿

降价竞争只具有先动优势，尤其是当竞争对手反应迟钝时。如果多数竞争者都加以模仿，降价就会成为所有营业店的负担。

②顾客容易转移目标

由于只是单纯降价、折扣等的吸引，顾客很容易受到竞争者相似促销方式的影响而转移购买。

③价格是否稳定直接关系着产品的声誉

如果价格浮动过大或过于频繁，会让顾客对企业及产品的信誉度大打折扣。我们不难看到，各行各业在价格战硝烟后能站稳脚跟的，往往是那些始终保持价格稳定的品牌，如化妆品行业的欧珀莱。

④可能降低服务水平

把过多的精力花在价格竞争上，常导致忽视顾客的其他需求，比如产品品质、技术创新、人员培训等方面。你的美容院可能也面临这样的状况：你有的，别人也有；你没有的，别人仍有，从而令自己处于劣势的竞争地位。

有一家美容院在节庆时，推出了“三人同行，美丽共同分享”的活动，即与两位朋友同时来店里消费同一个项

目，即可免费为另外一个人提供美容服务，当天吸引了一大批顾客。

这个例子实际上是打擦边球，巧妙地避开了打折所带来的其他后果，但又能达到打折所带来的促销效果。由此可见，价格大战不可取，科学经营才是关键。只有审时度势、全盘统筹，才能真正立足市场，笑傲江湖。

五、美容院的营销障碍

1、岗位分工不明带来的职能混乱

在美容院的经营压力越来越大的时候，几乎所有美容院都在寻找和关注有销售能力的美容经理或美容顾问。有些小店，干脆靠老板娘亲自销售，而发展好一些的店，从销售额上就可以看出一定拥有专业的前台销售人员。销售人员的能力决定了美容院销售力量的强弱，美容师的技术与服务决定了美容院的留客能力。现在，美容院最为关心的是前台一旦说服不了顾客，美容师的技术又怎么发挥呢？所以，我们和美容院的经营者一样，通常都把美容院的销售能力放在最重要的位置上。

解决美容院的销售额就不得不关心美容院的人员构成。有些前台销售人员是专职的，但更多是兼职的，如果让美容师兼做产品销售，并作为业绩指标和工资收入挂勾，大部分美容师就会转向以销售为主。专业美容师的定位模糊，使美容院看起来似乎是以销售产品为主，美容服务为辅，从而导致留客能力减弱。如果我们想靠美容服务赚取利润，专业的美容师就不应以产品销售为主，而应该以技术能力和服务态度赢得顾客，这里的利润空间才最大。如果美容师只作客户服务，美容院就有必要设立专职顾问，负责向顾客介绍产品和服务，以达到分工明确，服务专业的目的。

特别提示：美容院岗位职责不明确和人员分工不合理，特别是美容师定位不明，影响专业服务质量。

不能犯的错误：美容师的工资中产品提成占的比重过大，会促使美容师边作服务，边卖产品。

2、专业顾问缺乏技巧和专业训练，存在心理障碍

美容业有一个非常奇怪的现象，就是很多美容院经理同时又是编外的美容顾问，而仔细研究那些专职美容顾问的销售情况，我们又会发现，家庭生活越好的美容顾问，销售收入越高。

心理素质和对客户的了解决定美容顾问对客户的说服能力，缺乏训练和生活水平偏低的美容顾问，经常靠低价取悦来应酬顾客，同时又会根据自己的收入水平来推断客户的购买能力，如果再加上以貌取人的幼稚判断，大部分销售机会便在这时错失了。

大多美容顾问在销售中，往往存在这样的心理障碍：

◎客户只是来看看，第一次不会成交。

◎价钱太贵，只得靠打折和送礼。

◎以试代卖，免费试做后再由客户取舍。

对于一个专业的美容顾问来说，首先要了解客户需要什么，没有一个女人不想做美容却散步到了美容院。面对任何一个来到美容院却没有成交的客户，都要检讨我们的服务出了什么问题。

美容院前台销售人员最容易犯的错误是自己心理设限："她不会第一次就开卡的，她一定会先看看。"在这种心理暗示下，接待只会围绕让客户检验我们的装修和参观我们的仪器，却避而不问客户的需要，或直接诱导客户谈感受，而客户却只想通过接待人员验证美容院是否专业，服务是否表现得令人信任。在这样的差异中，我们会经常发现客户和顾问答非所问的对话，接待人员在极不专业的对谈中，已经埋下令客户失望的种子。

顾问：请问小姐贵姓？（连她自己是谁都不说，谁会理她呢？）

顾客：我姓林。

顾问：林小姐，您从哪里知道我们美容院呢？（太生硬，容易让顾客失去热情）

顾客：报纸上。

顾问：哦，你想了解哪方面的问题？（顾客怎么知道你们有什么）

顾客：你们有哪些产品？

顾问：我们有日常护理、去斑、瘦脸、瘦身产品，有40多种（需求不清，索性全介绍）。

顾问：您看这是我们新进的日常护理产品，很适合亚洲人的肌肤，保湿美白，你要不要试一试？（干脆直接推销）

顾客：这种产品适合我吗？（勉强应付）

顾问：您皮肤平时是不是干燥，我刚才介绍的产品，不仅滋润皮肤，并且美白，效果挺不错的，今天先给您试做一次，体验一下效果行吗？（以为只要试了就有机会）

听不到客户的回答，只看见顾问的推荐，客户试用后或者碍于情面买单后离开，或者干脆拒绝买单，许多美容院的顾问就是靠这种销售方式让客户离开的。

顾问的自我心理设限，放弃专业服务特色，会让美容院失去良好的促销机会，对提高销售额没有益处。销售业绩不理想，反过来使顾问的畏难情绪加大，似乎客户都成了探料的。

特别提示：能说不如会听，会听不如会问。专职顾问如果不专业，就会影响销售质量。

不能犯的错误：以为能说就会销售，气势强就能压客。

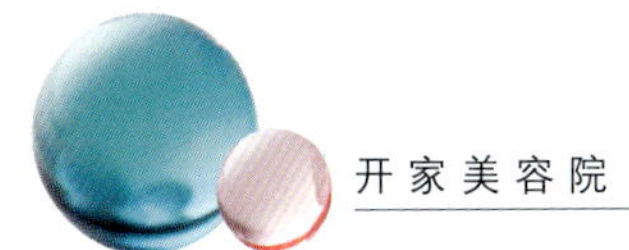

3、用降价代替销售

关于价格，从来都是客户还没有问到，顾问就已经开始介绍打折情况或推荐优惠产品，似乎客户就是为了贪便宜，而不是为了解决她的皮肤问题才来找美容院的。

顾问："小姐，您是看广告来的吗？"

顾客："是的。"

顾问："那好啊，您今天第一次试做，我们会给您打5折，原价880元，折扣后是440元。"

顾客："啊，这么贵啊？"

顾问："这样做肯定不划算，我建议您开个储值卡，这样折扣会更低些，还可以享受我们这里的很多优惠项目，您觉得怎么样呢？"

在客户的需要还没有摸清的情况下，就直接谈论打折和销售，只会令客户警觉，从而捂紧自己的钱包。其实，大多数情况下，折扣和礼物并不能让客户心甘情愿地买单。

要想克服用折扣或降价代替专业推介的销售障碍，在了解客户需求的基础上，还需要坚定信念，就是客户不是为了省钱才来消费的，最重要的是她的心理需求获得重视，花钱买感觉是她们在美容院消费的关键一环。

你的美容院让顾客获得了什么样的感觉？顾问是根据自己的收入评估顾客的消费水准呢，还是根据顾客的感受和需求提供令她们满意的超值服务？解决了这个问题，就能排除顾问销售过程中存在的心理问题，从而提高美容院前台的销售业绩。

特别提示：对服务及产品的自信是征服客户的前提，学会专业的推销才是销售成功的保证。

不能犯的错误：以自己的收入评估客户的消费能力，从为自己省钱的角度看待客户的消费需求。

六、如何令美容院销售业绩提高35%以上

做专业美容顾问，要懂得并掌握销售的真谛。在日常营业中，美容顾问每时每刻都要使自己保持在专业顾问这一角色上，恰当地分配接待时间，在恰当的时机为顾客进行最好的分析论证，给客户留下深刻的印象。

在美容院服务客户的过程中，我们发现一个有趣的现象：以前的客户你怎么说她就怎么做，买单十分容易。而现在，即使你说得头头是道，客户还是半信半疑，生意越来越不好做。这说明顾客已进入理性消费时代，美容院想靠三寸不烂之舌轻松赚钱已越来越困难，也就是说随着美容业的发展，低素质的服务水准和低水平的销售很难让越来越挑剔的客户感到满意。

在今后及未来一段时间，美容院怎么做才能提高销售额呢？

首先是要用专业化的知识和服务，让顾客进店不久就对你的美容院产生信任感。先看一下下面的案例。

顾问：欢迎光临，请坐大姐，请喝水！

顾客：谢谢！

顾问：不客气，请问大姐贵姓？

顾客：姓张。

顾问：噢！我是这里的顾问，姓李，请问您怎样知道我们这里的？

顾客：听朋友介绍的。

顾问：您的朋友姓什么？

顾客：姓张，她说这里的减肥效果不错，我也想瘦身。

顾问：看来您对自己的要求比较完美，您朋友做的是那个项目呢？

顾客：不知道。

顾问：那谁给她操作的呢？

顾客：我不知道，我今天刚好没事，顺便来问问。你们这里减肥有效吗？

顾问：噢！那可能会令您失望，因为今天做明天才会有效果。

顾客：那在你们这里消费得要多少钱呀？

顾问：是这样的，我们现在正在做免费减肥。

顾客：那我们不要掏钱吗？

顾问：噢！是这样的，会员在减肥疗程期间，所服用的营养品纤维素 880 元，综合维生素 150 元，按摩膏、消脂、溶脂用品 300 元，按摩啫喱 300 元，疗程点穴按摩一律免费，你看怎么样？

在这样的销售活动中，假如你是顾客，你会买单吗？你会相信美容顾问吗？

在上面的案例中，美容顾问有几个地方的表现是不恰当的：

一是顾问没有准备好如何接待顾客，她对顾客的了解仅限于问一下姓什么；在接下来的接待中，从不使用客户的姓名，缺乏专业礼仪和修养带来的个人魅力，不能吸引客户；没有弄清客户想做什么，抓不住客户需要，却在客户朋友的话题上问来问去，既浪费时间又让客户认为不专业。

二是以自我为中心，缺乏替客户分析问题的能力，抓不住客户的需求。客户两次提出想减肥，顾问都在顾左右而言他，这怎么能让客户认可美容院的专业程度呢？

三是销售方式浅薄。客户探听价格，一句“免费”立刻让客户产生警觉，“天下没有免费的午餐”，这是基本的常识。所以，美容顾问在接下来的产品介绍中，不管价格高低，都立刻失去了可信度与说服力。缺乏诚信的许诺本身就是浅薄的代名词，一旦美容院把类似的许诺运用在销售过程中，对销售的伤害远比预想的严重。

过去人们认为美容顾问会笑会说就能达成销售，实际上，“太会说”有时反而让顾客跑得更快。作为专业美容院的销售顾问，如果要想获得好的销售业绩，要有独特的人格魅力和丰富的专业知识作基础，在了解顾客需求的前提下，以亲切和关心的表达方式与客户建立信任的关系。

我们可以把一个出色的销售过程分解为七个步骤，并作如下分析和指导：

①互相介绍。要点：不能省略客户的称呼，也不要忘记介绍自己，用礼貌建立平等的人际关系。

②询问需求。要点：要问出顾客的需求，问出问题；连续问三个以上的问题才可能知道客户的需要；不要先入为主，更不要只讲不问，你的猜测不等于客户的要求。

③抓住需求。要点：问出客户的需求后，立刻回应，确认后再进行解释；不要避而不答，也不要绕弯子，客户说想减肥，立刻回应说我们在瘦身方面很有经验，并继续提问：“您想改善身体的哪一部分呢？”在这种情况下，我们会听到来自客户的积极响应。

④提供解决方案。要点：推荐解决方案要以对皮肤和美容产品的深入了解为基础，条理清楚的介绍为前提，专业技术为核心，形象化描述为重点。比如：“我们通过××产品的超强补水护理，加上超声波仪器的高频美白疗程，会为您带来极大改观，预计一个疗程后，您的面色将

由黄变白，肌理也变得细腻透明。”推荐解决方案忌假大空，忌只有描述没有效果。目前，这是美容院销售最薄弱的部分。

⑤体现价值。要点：设计省钱超值的价格套餐。再有钱的人也需要超值的感觉，询问一下客户，我们给她提供的价格她满意吗？

⑥最后促成。要点：确认买单。推荐之后的沉默往往失去销售成功的机会，一定要适时确认：“现金还是刷卡？”千万别在最后关头等待客户主动交钱，或让客户过一段时间再说。

⑦跟进服务。要点：重视客户的心理满足。服务结束后询问顾客对美容效果的感受和评价，不要犯收了钱眼里就没有顾客的错误。

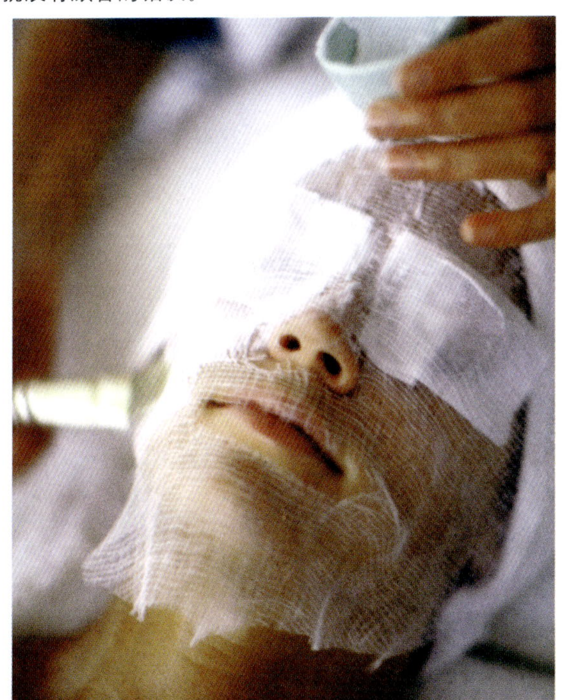

下面提供一个案例点评，请大家体会销售的微妙之处，从中学习掌握美容院的销售技能。

顾问：第一次过来吗？（未使用尊称，缺乏礼貌，语气生硬）

客人：是的。

顾问：您贵姓？

客人：姓王。

顾问：我是这里的美容顾问××，你今天过来是想做面部护理还是身体护理？（省略客户的称呼，问候失去建立交情、缩短心理距离的意义）

客人：想咨询一下，我的皮肤最近很干黄。

顾问：我可以摸一下您的皮肤吗？（没有对客户的需求作出直接反应）

客人：可以。

顾问：皮肤弹性还挺好，以前做过护理吗？（扩大问题范围）

客人：有，但效果不明显。

顾问：你都做的哪些护理，多久做一次呢？（继续扩大问题范围）

客人：好像是什么进口的，差不多一个月做两次。

顾问：现在还做吗？（交谈无法继续，只得另外寻找话题）

客人：还做。

顾问：最近季节转变，如果产品不适合的话，皮肤都会干燥，睡眠不好，皮肤黑色素代谢得也不好，是吧？（再次扩大问题范围）

客人：是的，你看我的黑眼圈都出来了。

顾问：别着急，我们这里有一种产品可以帮助你改善

目前的状况。

客人：是什么产品？

顾问：听说日本的****吗？（考客户，卖关子）

客人：没有听过。

顾问：它是从日本原装进口的，在日本有50多年的历史了。和资生堂、高斯、嘉丽宝并称为日本四大王牌，其中的乳液是它的拳头产品。（引导客户关注产品。注意，话题离客户需求越来越远！）

客人：为什么叫拳头产品？

顾问：因为它针对性强，渗透效果非常快，而且可以平衡油脂分泌，深层清洁皮肤，滋润干燥皮肤，补水效果好。（多种功效背诵一遍，缺乏针对性，令客户怀疑和厌烦）

客人：真的有那么好吗？

顾问：我们这里80%的会员都用它的产品。（用数字说服客户，值得肯定）

客人：做一次多少钱？

顾问：原价要980元。（直接报价，不留余地，吓坏顾客。最好先报出最低会员价，引导客户关注会员）

客人：这么贵呀？（顾问马上拿出会员卡，给客人看，并说有一种5000元和2000元的卡现在都非常优惠，并且还赠送美容仪器和身体护理）

客人：这样单价要多少钱？

顾问：不打折的话单价最少也要680元。我还有个建议，你可以用仪器来改善黑眼圈。（因为不自信而扩大话题范围）

客人：什么仪器？

顾问：美国BIO，它是一台利用1.5V电压启动的美容电脑数码仪，根据传统中医阴阳平衡的原理，利用接近人体本身的生物电流，配合奥地利山泉水，静静地经过皮肤肌肉细胞，渗透肌肤，加速修复老化的细胞，促进血液循环和新陈代谢，加强细胞吸收及排泄的功能，可收紧提升肌肉，祛皱去斑，收缩毛孔，收双下巴，治疗暗疮凹凸洞，改善肤色及皮肤敏感。（背诵的内容不一定让客户感兴趣，如果效果不是客户需要的，客户也不愿意听）

客人：有这么神奇吗？（客人一边看顾问递过来的有关图片一边问，心里开始对顾问的话质疑）

顾问：是的，我们有两台仪器，经常都排不到位，您有时间吗？您今天要不要试一下××的美白补水护理外加BIO特效眼部护理？（不需要告诉客户有几台仪器；如果排不到位会令客人更难以选择，暗示了在这里美容有难度和不方便；另外，没有确认买单，就推荐客人试做，这样会惯坏客户，为收款和日后营业留下隐患）

特别提示：让顾问接受专业训练。事实上，专业的顾问在销售上可以令业绩提升35%以上。记住：价格是价值的体现，疗程是疗效的保证！

不能犯的错误：认为知道就可以做到，结果一做就会回到习惯上去；只推销不询问，只谈价格，不讲价值。

第九章

美容院的顾客管理

“顾客是我们的上帝”！了解她们，熟悉她们，明确她们的需求，是我们经营管理中一个重要环节。学会管理顾客，是提高经营效率的重要手段。

一、顾客属性和消费心理

1、顾客的消费心理

在美容院经营过程中，特别是在销售过程中，美容师除了掌握丰富的美容产品资料和专业性的美容知识与技巧以外，更重要的是要了解顾客的消费心理。总的来说，顾客在进行消费时，其心理可以分为四个阶段：

①接触阶段。这一阶段主要是吸引顾客的注意力。美丽、格调统一的产品陈列摆设，美容师端庄的外型，友善的微笑，热忱、温婉的语调，干净利落的操作步骤，这些都是吸引顾客注意力的基本因素。

②销售阶段。这里面又细分为兴趣、联想、欲望、比较、认可、购买认定（成交）六个阶段：

◎兴趣：注意之后便产生兴趣，给她们机会便能加深效果；

◎联想：顾客会联想到用了产品后所期盼得到的感觉和效果；

◎欲望：联想的结果就是产生占有和消费的欲望；

◎比较：顾客会对每种产品和服务的价格、质量、效果等进行多方面比较；

◎认可：经过比较后产生满意感，顾客就有信心支持自己的购买欲望；

◎成交：顾客对产品有信心后就会决定购买，使双方成交。

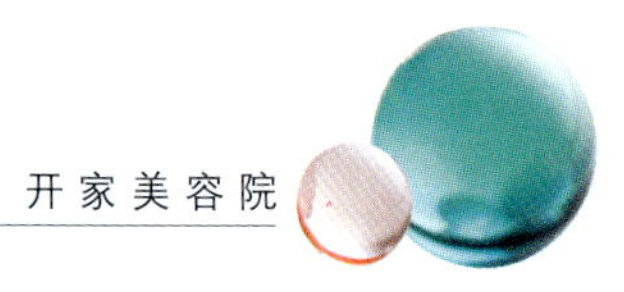

③服务阶段。当顾客在接受服务时，常常会有下面几种心理表现：

◎求满足心理。任何一个来店消费的顾客都希望获得满足，而是否感到满足主要取决于能否解决她的问题。比如一位被皮肤干燥问题困扰多年的顾客，如果美容师帮她解决了这个问题，她会因此获得满足感并成为这个美容师的固定顾客。所以，为顾客服务时，一定要与顾客进行良好的沟通，弄清楚她们真正的需求是什么，对症下药，从而满足其心理需求。

◎求补偿心理。当人们受种种条件限制，一些愿望无法得到满足时，“求满足”就会变成“求补偿”，这是现实生活普遍存在的心理现象，比如在亲切感、自豪感、新鲜感方面获得补偿。顾客在美容院是在体验一种非日常性的生活，自然她们要在这里寻求日常生活中无法得到的满足。

◎求解脱心理。“补偿”是指在亲切感、自豪感、新鲜感方面获得满足，而“解脱”则是从精神紧张中解脱出来。现代人最沉重的负担不是体力上的，而是精神上的，美容企业的员工应该谨记这一点。

◎求平衡心理。过于简单的生活会使人觉得单调乏味，而过于复杂的生活又会使人觉得变化无常，难以应付。所以人们要在这两端之间寻找一个平衡点，许多美容美发院提出“宾至如归”的口号，这需要在实施时把握好分寸。

④完结阶段。最成功的销售是顾客在愉快心情下购买并愿意再次光顾，当顾客离开美容院时，要让她感觉到你的微笑，用眼神目送着她离去。当顾客再次光临时，你就知道自己销售成功了！

在整个销售过程中，美容师所提供的服务占有非常重要的位置，例如有效地运用仪器设备、试用品，要帮助顾客进行试用和多作示范等。

并不是每位顾客都要经过这四个阶段来完成购买行为，我们每次销售都会因顾客个人的心理而有所不同。例如有些顾客之前是选购其他品牌的，因某种原因转向相似的产品，那么顾客就会直接从“比较”的心理开始，这时美容师的工作最主要的是提供资料，帮助客人比较，同时解释产品的优缺点。

2、顾客的属性

每位到美容院的客人，目的都有所不同，有些客人只是想来看看，但如果美容院能引起她们的兴趣，她们也会产生购买和消费的念头。

要假设每位顾客都是有购买潜力的，切记开始“接触”时不要让顾客只简单地作出“YES”或“NO”的答复，要尝试多用一些时间尽可能了解客户心态，对症下药。

根据顾客的购买动机，可以把顾客分为以下几种类型：

◎冲动型。顾客进美容院的动机不一定是为了购买产品和服务，有时只是了解一下，当这种人看到别人在竞相购买一种产品和服务时，容易产生冲动的购买欲。

◎被动型。这种顾客来到美容院，对某一种产品总是看来看去，不知该买还是不该买，一直处于彷徨阶段，这种顾客需要参照别人的观点来决定其是否购买。应对方法：只要美容师态度诚恳，耐心等待，同时热情介绍产品的性能、特点、用途，使顾客清楚使用的效果，便会激起其购买欲。

◎比较型。这种顾客往往有明确的购买目的，在观看

产品时，看得比较仔细，对几种同类型产品的质量、价格等进行反复比较。应对方法：充分展示产品，让顾客接触、比较和选择，耐心等待，不要催促；但也不能冷落顾客，否则顾客就会放弃购买。

◎求新求异型。这种顾客购物时，受潮流信息的影响，追求产品外包装新颖，讲究流行、新潮美容法，不看重产品和服务的价格及耐用性。应对方法：详细介绍新产品、服务的特点、功效，以及在外地甚至是国外流行的情况，满足其求新求异的心理。

◎尝试型。这种顾客并不了解产品的特点、功效，只是看着好奇，或者听亲朋好友说过这种产品，便抱着尝试的心理来到柜台，但她们来之前并没有购买的打算。应对方法：广泛宣传这种产品的优点，鼓励其接受试用，在涂抹过程中夸张地渲染其特点、功效，突出其与众不同，从而引起顾客的兴趣和好奇心。

◎习惯型。这种顾客长期使用同一种产品，已经产生了习惯性的购买动机，因而会经常使用一种产品。应对方法：热情待客，促销期给予价格优惠或赠送礼品，使顾客尝到甜头并得到信任，不能因为是熟客，就怠慢或冷落了她们。

◎伙伴型。有些人愿意结伴，她们大多带有共同的购买目的，也往往因为一个人购买而带动其他人产生购买欲望。应对方法：先做好其中一个人的工作，满足其虚荣心和自尊，再以购物赠礼的优惠为诱惑，促使其同伴欣然跟进。

◎孤僻型。有个别顾客性格孤僻，在购物时常常表现出一种孤僻的购买心态，观看一种产品时喜欢一个人看，不愿意别人在旁边插话；挑选产品时，也不愿意别人"越俎代庖"。应对方法：美容师应做好必要的辅助工作，给其更多的"自由"，做到话不多，但服务周到又细心。

此外，还有些顾客属于适用型、求美型、求廉型，美容师只有针对客人的需要，"对症下药"，就能达到促销的目的。

但不管客人是哪种类型，对话时都要注意下面几点：

◎要多讲赞美的话。

◎话题不要限制在化妆品范围内。

◎忌通过挑剔客人的毛病，打击客人自信心实现销售的目的。

◎忌同其他品牌产品作比较，通过打击别的品牌产品实现销售目的。

3、女性消费心理

女性作为美容行业的主要顾客，其消费行为和消费心理明显带有女性的特点。她们不仅消费购买物的实体内容，而且还把购买和消费行为视为人与物、人与人之间沟通交流的媒体，因此她们会对高品味的、增强感性的商品或服务产生极大兴趣。

①女性消费心理特性

女性的生理构造与心理发展与男性不同，在购买心理上有其自己的特点。具体说来，女性在购买美容化妆品时的心理状态有以下几种：

◎虚荣心理。莎士比亚曾说过："上帝为女人创造一张脸，女人又给自己创造一张脸。"换句话说就是女人有两张脸，一张是天生的，一张是自己想要的。很多女性都通过化妆品来装扮自己，使自己显得更加靓丽、健康、青春，并希望因此得到别人的赞美。还有一些女性以消费名牌高档化妆品来显示自己的经济实力、消费层次和个人品位，以此获得某些心理满足。

◎恐惧心理。人的皮肤随着年龄增长会出现皱纹、斑点，失去弹性和光泽而逐渐老化。如果皮肤得不到适当的保护就会显得更加苍老。女性出于担心青春流逝、容颜衰老的心理，依赖于各种美容护理和化妆品来保养呵护。使用后的心理满足又促使她们反复购买，最终成为某种品牌的长期顾客。

◎攀比心理。女性总是想在她们力所能及的范围内拥有比别人更多更好的化妆品，这种与别人相比较的心态是永无止境的。由此可知，女性进行美容消费的目的在很大程度上是心理的、精神的，而非仅仅是物质的、实际的。有一位心理学家说过："当你心情不好时，最好去买一支口红，那样会使你快乐一点。"因此，美容师在推销产品时，实际上不仅仅在推销一种产品或服务，还包括心理的满足感。美容院可以通过适当手段满足女性攀比的心理，以此促成她们的购买行为。

②女性购买行为分析

人们常说，女性生活在幻想、敏感的世界中，她们在购买食品、化妆品、服装时，常常凭主观的感觉为依据。女性会依据时间、地点、心情来决定是否购买某种产品或服务，因此，美容院应依时间、场合、季节的不同设计商品与服务，为女性顾客前来消费塑造适宜的店面气氛。

女性的比较意识和成本意识很强，在消费之前通常会花些时间，经过比较才决定是否购买，所以营业店对商品和服务的价值与实体的相称性（价格公道）要引起高度重视，不可催促顾客匆忙做出决定，而应多提供于己有利的信息供其比对参考。此外，美容院可设计商品与服务的附加价值，提高消费诱因。

另外值得注意的是女性很重视感觉，她们不会购买不符合自己感觉的商品及服务，所以营业店要注意把握女性的总体感觉，设计出适合女性特殊感觉的商品、服务和店面陈列。此外，如果美容院能够为女性提供一些提高生活品质的建议和方案，带领女性走进时尚潮流，会吸引更多的女性顾客光顾。

综合而言，女性购物有两大选择因素：

◎信用购物。指女性往往因信赖某企业及其品牌而选购其产品、服务，这就需要营业店打响知名度，建立营业店的信誉。

◎冲动购物：指女性逛街时，突然被某种宣传、店面设计、橱窗内的商品所吸引，不假思索地购买和消费。因此，营业店应注意POP的悬挂，橱窗、店面的设计和商品摆放要引人注意。

4、女性潜在需求导向

美容行业是倡导美、塑造美的行业。爱美之心人皆有之，而正确的审美观念却并非人人都具备，所以美容院员工还应该扮演美的使者这一角色，善于发现顾客的潜在美质，引领顾客发现美、创造美。

◎生活品质导向。美容院应设计品牌形象良好、高品质、具有高附加值的商品组合。

◎健康导向。美容院应提供兼具美容与健康功能的商品和服务，所有商品的内容与包装必须符合环保的原则，强调符合个人体质的美体服务，使健康与美丽同在。

◎时尚流行导向。为顾客提供符合时代潮流、独具匠心的商品与服务。

◎简便化导向。美容院应提供使用简便的商品，以满足现代社会快节奏的生活方式。

◎DIY 导向。满足顾客自主意识，如开架式陈列商品，增加顾客与商品接触的频率，提供样品试用；技术要求不高的服务可采用辅导方式，教导顾客自己进行。

◎安全导向。美容院提供的商品应有检验合格的标志，不具有危险性，可安心使用。

◎休闲交际导向。美容院应提供舒适的休息与交际空间，定期举办顾客联谊活动。

◎学习导向。美容院应主动提供各种商品、促销、活动资讯，店员提供专业咨询服务。

总之，经营美容院的过程就是千方百计满足顾客的过程，需要我们花心思去了解顾客，为其选择所需，最后经过说服，促成顾客购买。

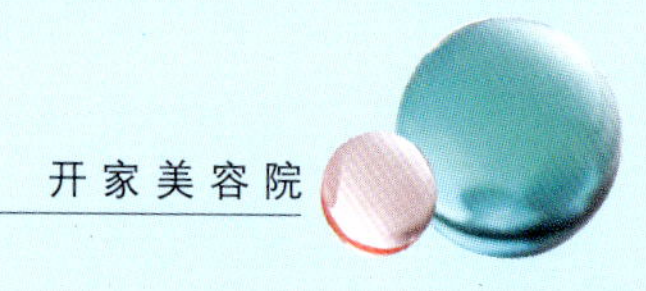

二　顾客档案应用与管理

许多企业的营销实践证明，顾客的忠诚度和企业的获利能力成正比关系。美国学者雷奇汉和赛塞的研究结果表明，顾客的忠诚度每提高5%，企业的利润就能增加25%。因此，怎样建立和维持美容院与顾客长期而稳定的关系，是美容院最根本也是最艰巨的任务和挑战，而建立顾客档案是一个重要而且可行的方法。

1、顾客资料建档

顾客是商家的"衣食父母"，而美容行业更需要建立一种与顾客相互信赖的关系。顾客档案中所含的资料让你更容易抓住顾客的心，而她们也会为你提供许多重要的资讯和建议。建立顾客档案，可以通过制作顾客基本资料记录卡来实现。

顾客基本资料记录卡

填表日期	年　月　日		类别　会员		非会员		新顾客	
姓名		性别		会员编号				
生日		住宅电话		公司电话				
住址								
公司地址								
肤质								
发质								
备注								

建立顾客基本资料记录卡，能记录并保存顾客基本资料，方便联络和促销时使用；可以保存顾客发质及肤质信息，方便工作时参考；便于统计、分析顾客情况，为营销决策提供依据。

新顾客光临时，由美容院顾问与其沟通，获得新顾客的姓名、电话、住址、生日等必须资料，之后填入表内（可多次获得），以姓氏分类统一存留柜台处。

用赠品换取准客户的资料也是由来已久的方法，而且这种方法的效果令人吃惊。需要注意的是，美容院提供的赠品要与销售的产品有高度关联性，在这种情况下，准客户的资

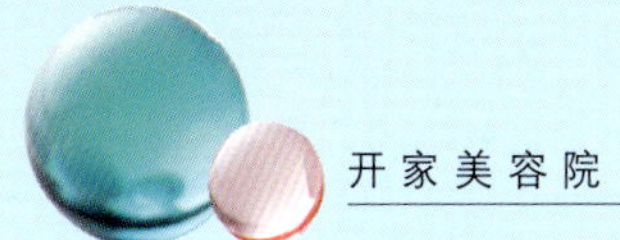

料可能会对日后的销售带来很大帮助。当然，赠品未必是昂贵的，而以适合客户最为重要。

但要注意，在收集顾客资料时，千万不要涉及顾客的隐私。

2、顾客追踪分析

在建立顾客基本资料记录卡和顾客服务记录的基础上，美容院要定期分析顾客每月来店次数及间隔天数，确定顾客动向、属性，了解该顾客接受服务项目、花费金额的情况，以此作为制定营销策略的主要依据。

例如，某顾客本来每月固定来5次，而7月份却只来了3次，而且最后一次来店时间距今已超过两星期。由卡内记录可以推断此顾客可能已经失去了，这时美容院需要打电话问候、寄问候卡，或采取其他方式，请其再度光临并提供个性化服务，争取使之成为固定的顾客。

若费用栏记录显示，该顾客的消费项目只有基础护理，就应设法使其逐渐接受店里其他项目服务，如此才能永久留住此顾客。

对于顾客资料，美容院最好每年整理一次，挑选出VIP顾客，举办活动招待她们，以促进双方的情谊，维系顾客与美容院之间的良好关系。

3、顾客意见调查

顾客满意是美容院生存的基础。要了解顾客的满意度，定期进行顾客意见调查不失为一个好办法。通过顾客意见调查，可以了解本店存在的不足，为各项改进提供依据；顾客意见调查还可以得知其他竞争者的优缺点，从而创造优于竞争者的服务项目，进而吸引更多的客户。

在顾客意见调查里，以顾客满意度调最为常见。顾客满意度可以从以下五个方面来衡量：

◎对顾客的承诺。

◎对改进质量的要求是否解决。

◎对顾客满意度的确认。

◎顾客满意效果分析。

◎顾客满意度比较。

进行顾客满意度调查只是提高顾客满意度的第一步，美容院必须按调查所反映的实际问题进行改进、落实，这样顾客满意度调查才具有实际意义。

下面介绍一下顾客满意度调查的方法及注意事项。

①进行顾客满意度调查前的准备

"使顾客满意"对美容院来说是最础的目标，但对许多美容院来说，针对顾客满意度进行调查还是新的尝试，所以，在进行调查之前，有必要明确进行这项调查所要达到的目标，可参考如下：

◎确定导致顾客满意的关键因素。

◎评估营业店的绩效及主要竞争对手的绩效。

◎根据问题的轻重缓急，采取适当措施加以解决。

②顾客满意度调查的途径

美容企业可采用以下途径来获取顾客的满意度，并寻求相应的改进措施：

◎通过投诉获取反馈信息。设立免费投诉电话或顾客投诉台，派专人受理投诉。对提出意见的顾客表示衷心感谢，奖励提出有价值意见或建议的顾客。根据顾客投诉意见，迅速查清事实，尽快予以答复，以表示对顾客意见的重视。

◎顾客流失分析。高度重视"跳槽"的顾客，深入了解其跳槽原因，从而发现经营管理中存在的漏洞，及时采取措施，挽留住顾客并防止其他顾客跳槽。

◎新顾客调查。深入了解新顾客接受服务和购买产品的原因，有利于保持和强化企业的相对优势，扩大市场占有额。

◎通过人员接触获得反馈信息。培训员工沟通和倾听的技巧，提高她们倾听顾客意见的意识，采取奖励措施鼓励员工反馈顾客意见。主管应利用各种途径接触核心顾客，了解员工们听到的意见。

◎组织调查活动。为深入了解顾客意见，美容院可组织一些活动，比如邀请核心顾客参加新员工的招聘工作；邀请顾客参与产品和服务的设计，这些活动有利于提高与顾客沟通的效果。此外还可以举办有顾客参与的美容师服务技能竞赛活动等。

4、会员组织的管理

稳定和增长的客源，意味着企业能有更大的发展。美容是一个非常个人化，与顾客接触非常亲密的行业，顾客往往会和她们的美容师建立起深厚的关系。只有建立稳定的顾客群才是你事业成功之道，建立并管理一个完善的会员组织，将有助于培养顾客对你的忠诚度。

消费者只要交纳一定费用或达到一定的消费额就可以成为会员。通过会员制，一方面能扩大美容院的活动范围，另一方面能够增强美容院的形象，树立关怀客户的经营理念。

一般情况下，会员制可以使双方获得以下利益：

◎会员可享受比非会员更优惠的价格。

◎会员可享有电话定货或上门服务。

◎根据顾客档案，对会员进行生活美容指导、色彩服装指导。

◎定期举行联谊活动，拉近与顾客之间的联系。

◎定期发行自己的报刊，向会员提供美容商品、饰品及其他商品的最新资讯。

◎定期向会员发放调查表，了解需求，从而得到第一手的销售动态。

◎定期举办发表会，扩大营业店的影响范围等。

5、提供个性化服务

我国的美容业发展到今天，竞争已是非常激烈，美容院规模从两张床到几十张床都有。在这种情况下，只有强化"以人为本"的观念，为顾客提供个性化的服务，才能

在竞争中获得发展。对于刚刚开业的美容院而言，需要具备哪些条件才可以向顾客提供个性化服务呢？

◎储备足够的知识。这主要是对美容师专业素质的要求，包括较高的审美能力，丰富的专业知识和实践经验，熟练掌握各类皮肤的护理和治疗。

◎科学诊断。美容师参考顾客档案，了解顾客基本状况和她们的目标，在此基础上利用自身的知识和经验诊断顾客存在的问题。例如，若顾客属于过敏性皮肤，美容师就应该熟知过敏肤质的特点、临床表现和原因，并能正确地诊断出来。

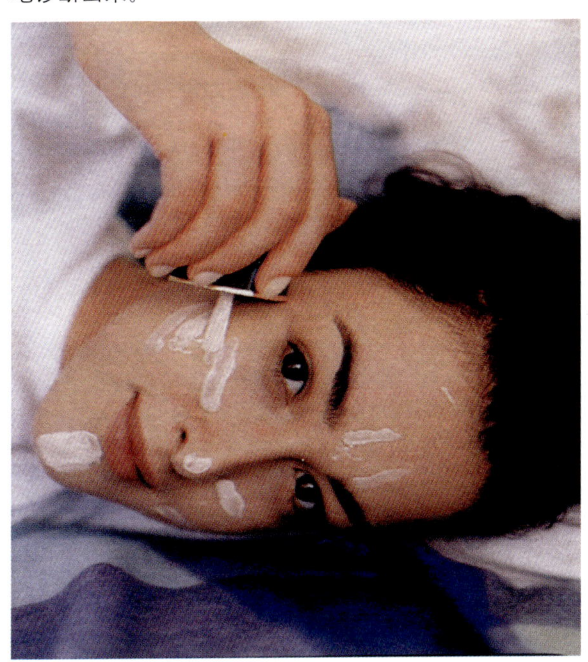

◎制定恰当的护理方案。在对顾客作出正确的诊断以后，还要能够制定出恰当的护理方案、采用的护理方法和步骤，尽可能为顾客塑造出最美的形象。如果顾客主动提出要求，美容师要根据自己的能力判断顾客的要求是否可取。一般来说美容师要尽量满足顾客的要求，如果顾客提出的要求违背科学规律，与实际效果可能会大相径庭，要大胆和气地提出来。

◎及时调整护理方案。根据具体情况的变化，美容师要随时调整护理方案。如顾客出差或旅游造成皮肤干燥、脱屑或起皱，可建议顾客先做一个高密度护养，缩短护理时间，从而在短时间内为皮肤补充各种养分，使皮肤得到快速改善。

个性化服务并不是对标准化服务的否定，而是建立在标准化服务基础上的。如果你的美容院连标准化服务都做不到，更不用说个性化服务了，也就是说个性化服务在某些方面是比标准化服务更好的服务。

三　顾客异议与投诉处理

当那些足以煽动消费者情绪的广告词击中了顾客时，美容院当然会很高兴；而当一些消费者通过一个疗程的祛斑美白、减肥或是健胸之后却没有收到预期效果时，或者引起某种程度的损害时，异议、抱怨甚至纠纷也会随之出现。对于这些问题，美容院若未能及时妥善解决，就会导致客源流失，销售额降低，甚至是巨额赔付和法律诉讼。顾客异议和投诉处理是一门学问，也有许多技巧。掌握了这些技巧，可以让你免于陷入严重的纠纷。关于顾客异议和投诉处理，美容行业流传着四字箴言——“处、处、想、对”，在此提供给大家，供大家参考借鉴。

◎设身“处”地：从顾客的角度出发，理解她们的心情和要求。

◎“处”理迅速：排除个人情绪，迅速及时地化解掉顾客的不满；对已造成严重后果的，及时采取措施加以补救。

◎“想”方设法：如果顾客对店内服务或产品有不满，会迅速告知亲友及周边朋友。为了避免这种局面，在顾客付诸行动前，要尽可能鼓励、引导顾客表达出她们的不满，因为这是解决问题的前提。

◎“对”症下药：一旦发现问题，便要及时、认真、果断、负责地处理，以确保美容院声誉。

1、顾客异议处理

在销售活动中，我们会面对顾客各种各样的异议。通过总结，你会发现有很多意见会反复出现，这就是所谓具有普遍意义和共性的异议。对这些异议，你应该事先准备好应对措施，以增强处理异议的能力。

以下是一些常见的异议：

①“价格太高”的异议

讨价还价可以说是顾客的本能，也是最常见的异议。你甚至会碰到只顾砍价的“不可理喻”的顾客。面对这样的顾客，任何情绪化的表现都是不可取的。我们可以采取这样一些方法化解异议：

◎请顾客提示比较标准。价格是否昂贵，往往都是相对而言。如果顾客提出价格太高，可以通过“您是否能告诉我们您是与什么比较认为我们的价格太高的呢？”这样类似的问题，请顾客提示比较标准。如果顾客是随便说说，并没有依据，这时她可能放弃这个异议；如果顾客有依据，那么，她们表达得越具体，我们获得的信息就越充分，也就可能从中找到说服的依据或者“靶子”。

◎提示顾客考虑价格以外的因素。首先肯定顾客对价格的考虑是合情合理的，但是应该提示她本产品在价格以外的优势，诸如品质、功能、特色、服务以及相关价值。

◎与同类产品进行对比。平时积累的信息资料越丰富，在销售过程中可用的东西就越多，说服的力度就越大。如果能够将竞争对手、同类产品的价格和性能详细地给客户列出来，会获得非常好的效果。有时可以把这些资料写在纸上，人对形成文字的东西多少有些敬畏。

◎了解顾客的购买能力。有时顾客提出“价格太高”的异议，纯粹是因为报价跟她的期望差距太大，这个时候异议的依据往往是她个人的购买能力。这种类型的异议，你可以通过询问顾客能接受的价格，判断顾客的购买力、购买价格底线以及购买的可能性。

◎换个角度来定义你的价格。比如一套化妆品定价1000元，顾客会觉得太贵。换个角度来表述就是：“1000元实际上一年之内每天只花2元多点。”

◎计算自己的成本。如果产品确有优势，你也有把握确认顾客的购买欲望，这个时候往往可以给顾客计算产品成本，用数据说话，同时暗示自己在中间的利润，表达一种诚意。这种回答，真正希望购买的、理性的顾客是能够接受的。

◎解释自己产品价格高的理由。如果自己的服务价格确实偏高，这时你必须明确地解释自己的产品价格为什么会高。比如：“这个价格确实比您讲的那家营业店高了100元，但是我们用的是法国欧莱雅染发剂，您去看看他们用的什么牌子？”

◎提示顾客换位思考。让顾客站在卖家的立场考虑问题。比如："作为生产商，我们面临两种选择，一是把产品做得越简单、越廉价越好，这样我们就可以以一般人想不到的廉价在市场上销售；第二种选择是，站在顾客的角度设计和制造产品，尽可能满足她们的需求，这样的价格恐怕不便宜，大家会怎样选择呢？”

◎顾客使用效益提示。提示产品给顾客带来的效益，也是打动顾客的有效方式。

◎比较极端的做法。我们在商场中经常见到这样的现象，顾客疯狂砍价，营业员没有办法只好终止交流，而这个时候顾客却主动起来。顾客有时疯狂砍价是在打探价格"底线"，等一旦探明白，交易就开始了，要了解这种顾客常用的伎俩。遇到这种顾客异议，在时机成熟时，可以委婉地拒绝顾客的要求，促使顾客达成交易的目的。比如："对不起，我们无论如何也不能达到您这样的价格要求，非常抱歉！”（实际上潜在威胁口吻）；"我们本来是真诚希望和您建立合作关系，才考虑以比较优惠的方式来销售，但鉴于我们为了保证产品质量和到位的服务，不能接受您的价格，非常遗憾。”（提示顾客没有合作的基本诚意）

②遭遇顾客的不信任

顾客不信任的实质是顾客担心自己的利益得不到保证，担心存在交易风险，不一定是刻意针对某人或者某个组织的偏见。顾客不信任完全是一种正常现象，但遭遇顾客不信任是一件非常尴尬的事情，我们需要做的是消除其不信任感，建立良好的信誉。

美容师的言行举止，甚至长相打扮都可能使顾客产生不信任的感觉，这就要求美容师要提高修养，以专业形象展现在顾客的面前。

顾客对产品和服务不信任，说明你的推销说服工作还没有取得实质的进展，或者对顾客关心的问题没有进行明确的答复。顾客对产品和服务的不信任主要在产品的功能、质量、可靠性、产品构成、使用等方面。对于产品和服务中的重要内容，美容师应该在推销展示中予以说明，因为产品本身的这些问题很容易当场说明白。

对于顾客的试探性问题以及试用过程中遇到的问题，美容师要认真而务实地回答，以消除顾客的不信任，因为答案本身就是很好的说服材料。

消除客户不信任的中心工作是让客户相信她的利益完全能在较小的风险下得到保障。这时候，一些细节工作往往会起到很好的效果。另外，对可能产生的顾客不信任因素进行一定的预见，不仅能有效预防和事前消除，也能使自己主动和从容地面对顾客的现场异议。

やけによるシミ·ソバカスを防ぐ
KOSÉ
COSMEPORT
KOSÉ
COSMEPORT

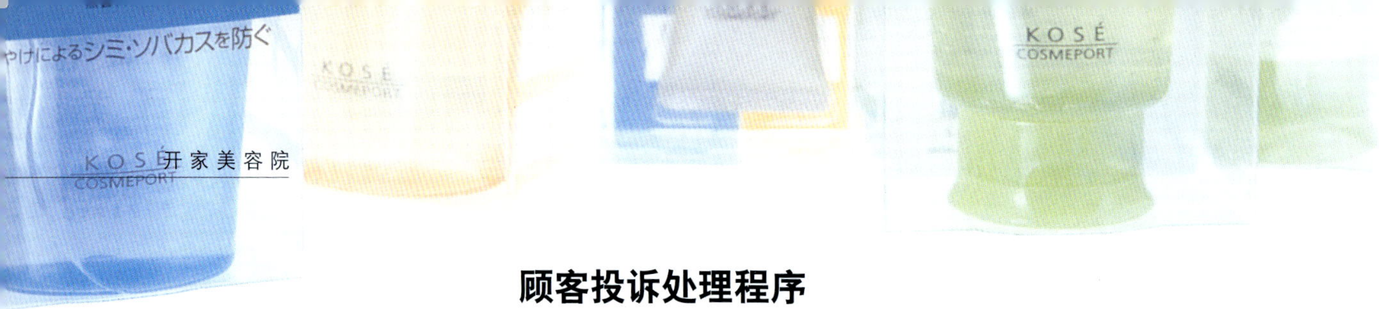

2、处理顾客投诉

服务行业，难免会碰到顾客投诉的事，对经营者来说，处理投诉耗时耗力，有时还要蒙受损失。但事物都有两面性，处理得当，投诉人可能因此成为你的忠实顾客，你也可能因此而吸引更多的顾客，使坏事变成好事；相反，处理不当，失去的就决不只是一个顾客，一个抱怨的客人背后通常有30个沉默的客人，正因为如此，"顾客是上帝"、"顾客总是对的"才成为服务行业处理投诉的经典名言。

顾客投诉处理程序

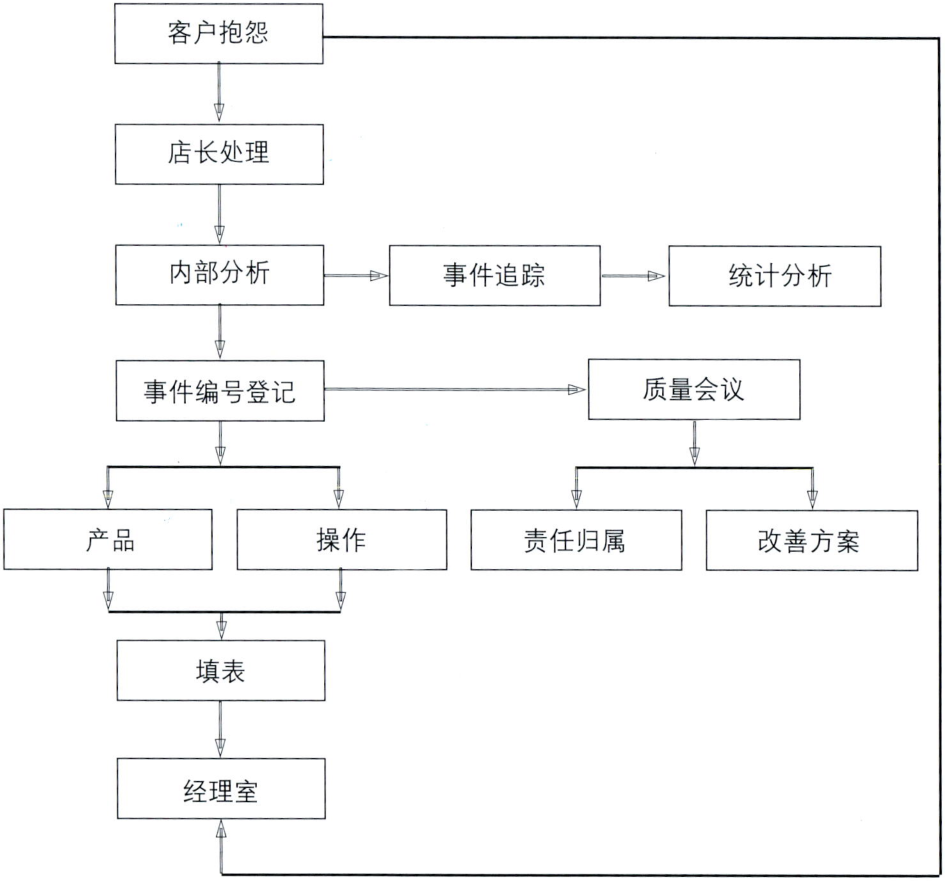
客户抱怨
店长处理
内部分析
事件追踪
统计分析
事件编号登记
质量会议
产品
操作
责任归属
改善方案
填表
经理室

如果有来自顾客的投诉，应立即处理，一定要把处理投诉放在巩固老顾客，吸引新顾客的高度来重视，把每次处理顾客投诉作为提升工作绩效和宣传企业形象的高度来对待。日本某超市采用意见卡制度，其总经理每天都要看300张以上的意见卡。

处理顾客投诉需注意的事项：

◎假定顾客是对的。顾客不可能总是对的，但处理投诉的原则是“假定顾客是对的”。在一些无关大局的问题上，不必将是非分得那么清楚，而是尽可能“大事化小、小事化了”，争取“双胜无败”的结局。

◎注意倾听顾客的抱怨。一般顾客在投诉时，常常情绪比较激烈甚至无理，碰到这种情况，美容院人员一定要保持镇静，千万不要有“一旦向别人认错就表明责任全得由自己承担”、“被人抓住小辫子”的想法。不论是什么样的抱怨，都不要辩解，让顾客尽量说完，顾客会因此觉得你的态度是端正的。

◎不要激化矛盾。当接到顾客投诉后，争取第一时间掌握情况，比如用笔记录下顾客的投诉，让顾客感觉到被重视；在措辞上，尽量做到郑重其事，认真虚心，决不可使用如“没有那回事”、“是误会吧”、“你一定搞错了”、“责任不在我们，全在你自己”等这样的话，因为这样不但难以让顾客原谅，反而会激起她们更大的不满和反感，激化双方矛盾。

◎灵活处理顾客投诉。抓住投诉重点，查询相关资料，找出解决办法；若不能当场处理，应告知所需处理的时间和程序。

◎事件追踪。要及时对顾客投诉案件进行追踪，了解顾客对处理结果的意见，及时修正完善。

◎存档为鉴。处理完顾客投诉后，应建立明确的处理档案，作为内部教育训练时的重要材料，同时要检讨工作中的缺失与处理过程，以免同类事件再次发生。

实际上，顾客投诉处理的最根本方法还是在于防患于未然，如果从商品的开发与采购、进货验收、销售服务等各个环节都能建立完整的稽核制度，让每个客户都能真正了解商品的特色与使用说明，使其感受到企业优秀的理念与服务，那么投诉是可以避免的。当然，要做到这一点相当难，但这正是我们应该面对的挑战。

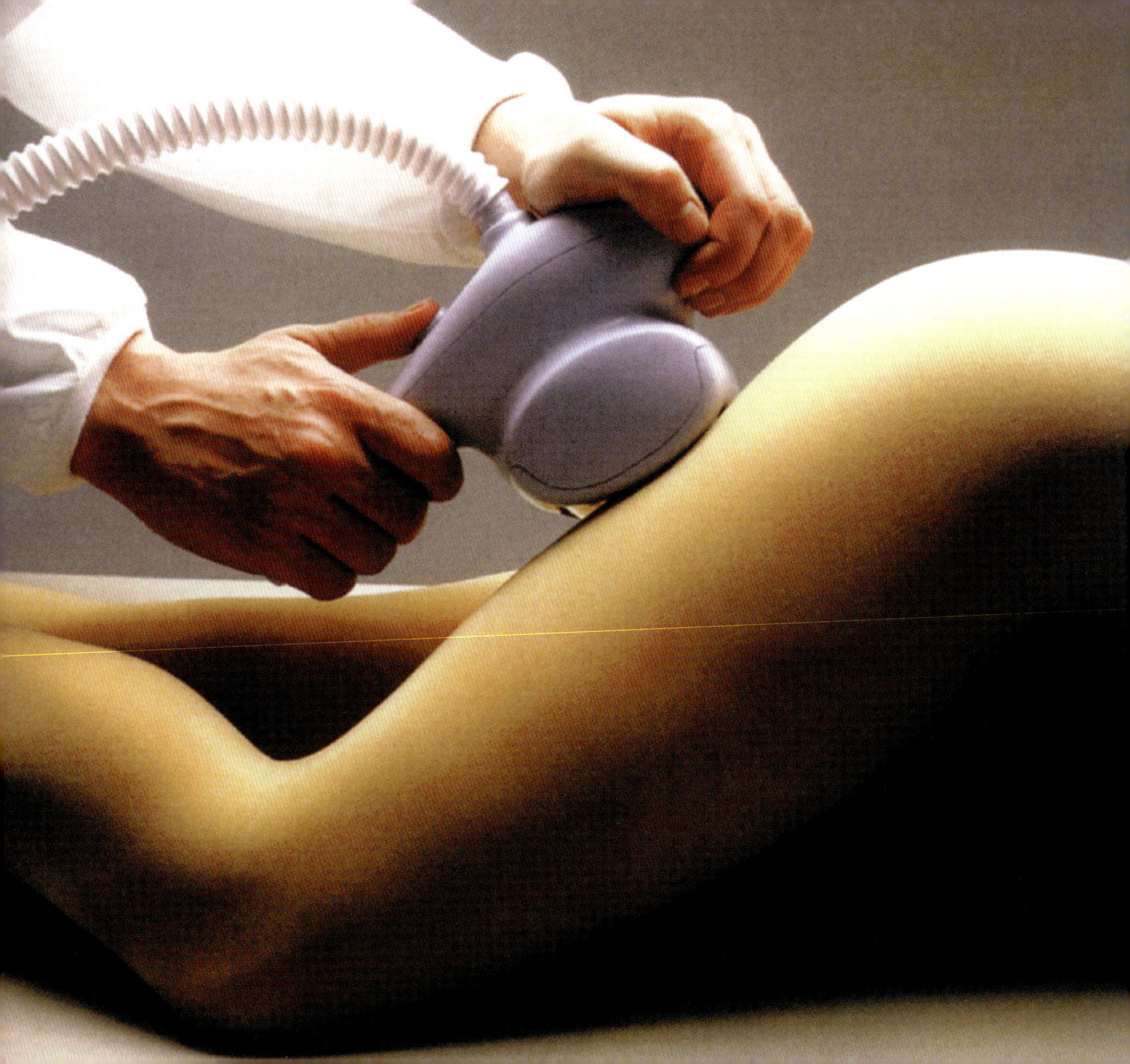

第十章

培养专业美容师

当你的美容院正常营业后，你最关心的是怎样将美容院的产品和服务更好地销售出去。提升美容师的销售技巧，培养她们的职业风范，是美容院经营工作的当务之急。

一　专业美容师的职业形象

1、美容师的职业道德

美容师应具备的良好职业道德，对职业要有信心，要尽最大的努力认真工作，对顾客负责；乐于学习，健全心智，提高气质；言而有信，负责尽职，成为良好德行及优良职业行为的表范；尊重他人的感觉及权利，能良好地配合同事、雇主以及上级领导的工作；对所有的顾客都要友善、礼貌，不厚此薄彼；学习巧妙、高雅的职业谈吐，培养悦耳动听的声音，注意倾听他人谈话；注意仪表，随时保持最高的卫生标准，使顾客对你产生信心。

2、美容师的个人形象

一位专业美容师在人们心目中的形象应该是：具有优雅的风度、高超的技术、丰富的内涵、端庄的举止、文雅的谈吐；接人待物时，要彬彬有礼，落落大方。

美容师在一天的工作和生活中，会遇到许多麻烦、困难或不愉快的事情等，这就要求美容师要有稳定的情绪，在遇到困难或矛盾时能保持冷静。要做到这一点，应从下面几个方面进行培养和训练：

◎控制脾气。人若不能自制，常会处于惶惑状态，每一件事情都会形成一连串的反应，造成持续的影响，无论是好是坏。当你完完全全能够主宰自己的行为时，就可以培养出良好的气质。

◎稳定情绪。作为一名美容师，必须养成博得他人敬仰的气质，其中最主要的就是具备稳定的情绪。要尽量学习控制自己，设法平衡情绪。令人不快的情绪流露，诸如脸部的扭曲、愤怒的表情，不耐烦、嫉妒、贪婪等都要设法去抑制。

◎亲切的态度。美容师要养成适应新环境的能力，随时微笑迎人。一个真挚的微笑可以建立起人与人之间的感情桥梁。

◎培养幽默感。一位优秀的美容师要注意培养自己的幽默感，遇到紧张情况，能够用幽默的语言缓解或改变周围的环境和气氛。

性格是走向成功大道的一把钥匙，美容师要尽最大努力来培养，塑造最令人愉快的个性、良好的气质。当你对自己发出内心微笑的时候，你就拥有正确评估个人价值的能力。

3、美容师的个人风度

美容师要具有典雅的风度，它主要包括清晰、悦耳的声音；亲切、高雅的谈吐；优美、协调的姿态；美观、得体的着装以及端庄、朴实的举止。人的良好风度可以通过学习、培养和训练获得，贵在不断进取，持之以恒。

◎站姿。正确的站立姿势应该是：表情自然，双目平视，颈部挺直，微收下颌挺胸，直腰、收腹，臀部肌肉上提，两臂自然下垂，双肩放松稍向后，双腿并拢，双脚成“丁”字型站立。美容师要长时间站立工作，只有保持正确的站立姿势，才能获得良好的平衡性，肌肉的适当控制以及手脚的协调等，从而减少或避免疲劳。美容院工作时的站立姿势是：避免脊骨的长时间弯曲；两脚不要离的太远，尽量以脚掌承受体重而不要以脚跟承受体重；如果以两脚并拢的姿势长时间站立，身体不易平衡，也很容易造成疲劳。

◎坐姿。正确的坐姿应该是：上体保持站立时的姿势，将双膝靠拢，两腿不分开或稍分开，两脚前后、左右略分开或腿向前伸出，两脚上下交叉也可；女性当两腿上下交叠而坐时，悬空的脚尖应向下，双膝尽量靠拢。美容师工作时保持正确的坐姿能避免腰酸背痛，并减少一般性疲劳，其要领是：椅面与膝部基本平行，双脚顺着膝盖自然平放于地板上，并使大腿部与小腿部形成90度的直角，以脚支撑大腿部的重量；坐的时候，下半背部要贴住椅背，替顾客服务时身体上部可稍向前倾；如果坐的是没有椅背的凳子，则应坐满凳子，保持上身挺直的姿势，使身体的重量完全由大腿承受。

◎走姿。正确的走姿一般是：身体挺直，保持站立时的姿势，不可左右摆动，摇头晃肩或歪脖、斜肩；双臂前后自然摆动，幅度不可太大，忌左右摆动；提臀（臀部肌肉紧张），用大腿带小腿迈步，双脚基本走在一条直线上；步伐平稳，忌下上颠动，左右摇摆及甩脚，也不要有意扭动臀部；步频与步幅与呼吸应配合成规律的节奏。女性穿礼服、裙子或旗袍时，步子要迈得小一些。美容师在美容院工作时，步伐要轻、稳、灵活。

4、美容师的语言规范

悦耳的声音、文雅的言辞、技巧的谈话会使顾客产生亲切感和信任感。美容师的咬字应该清晰、音量适中；语调应该柔和、悦耳，在语调中应表达出亲切、热情、真挚、友善、柔顺以及个性和谅解的思想感情。当然，美容师的谈话道德应该是言行一致的。

在同顾客谈话时，美容师应该尽量去了解顾客的心

理，从而选择较佳的谈话主题，例如：美容化妆品知识，流行服饰、发型资讯，顾客的个人爱好或活动如文学、艺术、旅游、教育、地方新闻、假期安排或假日活动等。当然，这些都需要美容师具有丰富的知识内涵。

为使谈话进行得愉快，应采取以下基本原则：主动打开话题；少说多听，不争论；始终保持愉快的心情；谈话内容不单调；不谈自己的私事；宁可谈理想，不要谈论人，更不要背后论人长短或谈同事较差的手艺；不谈、不问别人的隐私；不要表现出处处比别人强而威胁到他人；应用简单易懂的言词，不使用粗话。

5、美容师的个人卫生和保健

良好的清洁习惯、高标准的个人卫生要求和保健法则，不仅能够增加美容师的自尊、自信，也是美容工作的需要。美容师应养成良好的个人卫生习惯：

◎头发。要保持清洁，经常洗发；发型要适合面型特点，留长发者，工作时要夹发。

◎面部。美容师的面部皮肤状况是最有说服力的广告，所以美容师应加强日常的面部皮肤护理，工作时要化淡妆，忌脱妆或浓妆艳妆。

◎口腔。保持口腔清洁，工作前不吃葱、蒜、韭菜等带有刺激味的食品；不吸烟、不喝酒，工作中不嚼口香糖。

◎手。加强手部皮肤护理，保持手部皮肤细嫩；保持手部清洁，工作前后、厕后要洗手；不可留长指甲，甲型不可太尖；选用甲油时宜选无色甲油，忌甲油脱落。

◎服饰。服装整洁、舒适、合体、大方；饰物不可珠光宝气，不戴戒指。

◎鞋袜。鞋袜舒适、合脚，工作时不宜穿高跟鞋；保持鞋袜清洁、无异味。

◎沐浴。经常沐浴，保持清洁。

◎香水。使用香水宜清馨、淡雅。

二、专业美容师如何服务顾客

1、接待顾客

勤用眼睛财富来。作为一名专业美容师，会密切注意店门外的人流情况，对可能进入店内的客人，均应从表情、穿着、打扮、化妆、行动、言语等顾客行为进行分析、揣摩，并将此贯穿整个导购过程，直至送别顾客。

顾客走进美容院，首先感受到的是这里的气氛和环境。俗话说："人笑福准到"、"巴掌不打笑脸人"。专业美容师不会给客人一个冰冷的环境氛围，但也绝不会热情过度，吓跑了客人，而是以亲切、自然的态度和发自真心的微笑迎接顾客。

无论在日常工作或生活中，专业美容师都养成使用敬语的习惯。这种习惯不单指对尊长者，对待顾客同样也要多使用敬语，常言说：礼多人不怪。比如：

顾客来了：欢迎光临！

存放外套：我帮您把外套存上好吗？

顾客结账：您今天的消费是80元，这是您的账单。

顾客告辞：非常感谢您的惠顾！欢迎您再次光临本店。

年轻职员刚刚参加工作，使用的言辞很随便，工作后，如果不改变那种随意的语言习惯，正确使用敬语，那么很难成长为一个优秀的专业美容师。培养年轻职员学会正确使用敬语，这是主管的职责。主管应该首先确定恰当的交际用语、工作用语，然后监督她们熟练掌握。

敬语不单单只是指说话的内容，也指说话时的口吻、语气。虽然我们在日常工作中对待不同的顾客要用不同的方式，但在使用敬语这一点上，则一定要做到一视同仁。

作为一个专业美容师，在同顾客接触和交流时，一般都会做到以下几点：

①吐字清晰。若字句发音不清晰，顾客听不清你说的话，每次都得重复问一遍，那么将使顾客失去交流对话的兴趣。良好的交谈技巧完全可以在日常生活中靠朗读训练与平常注意纠正来逐步养成。

②善于分析揣摩顾客。顾客刚一出现，专业美容师就会用眼睛扫视一遍，凭着自己的经验和对美容行业的了解，根据顾客目光停留的目标、停留时间，迅速判断出顾客对服务和产品的兴趣倾向，并揣摩出顾客内心的需求指向。如顾客有较为明确的关注点，如样品柜等，专业美容师就会将顾客引领去她关注的地方，与她进一步沟通；如没有明确的关注点，就会引领顾客到客座处，送上消毒的热毛巾或茶水，询问顾客是否有指定的美容师，如有则迅速叫来接待或参与接待。在这整个顾客过程中，美容师应与顾客保持半米左右的距离，因为靠近说话更有说服力，更重要的是可以从近处更仔细地观察顾客，包括顾客的穿着打扮、随身携带物品、特别是面部皮肤等等。

③恰当地赞美顾客。甜言蜜语人人爱听，适当的赞美是人际关系的润滑剂。对第一次上门的顾客，专业美容师会试探性地了解她的工作背景和家庭状况，如果顾客不愿谈论，也不会“打破砂锅问到底”。当顾客穿一套新衣服，戴一副新耳环，拿一个新皮包，换一双新皮鞋的时候，专业美容师不但会一眼看出她的“不一样”，还会发出“惊奇的赞叹声”：“哇！你这个戒指好漂亮，一定很贵吧！”“你这套衣服质感很好，是什么牌子的呢？”对“身穿名牌”的顾客，如果不能立即发现她的“不同”，她就会认为你“不识货”，没有品味！ 赞美顾客年轻漂亮，赞美顾客的孩子和宠物，赞美顾客的穿着打扮，赞美顾客品位不凡，有艺术家气质等等都是拉近顾客距离，融洽彼此关系的好办法。

④始终不忘自己的身份。有些美容师由于和顾客“混得太熟”，往往忘记自己的身份，不是态度没大没小，就是说话过于随便。譬如批评顾客“你怎么如此三八！”或“你好没水平呀！”听了这种“批评指教”，再熟的客人都可能会心里不舒服，甚至会跟你翻脸。而专业的美容师始终都不会忘记自己的身份。

⑤不会每次夸奖同一件事

生活在这个多元化的社会里，赞美的内容也是“多元化”的，专业美容师不会每次都夸奖顾客同一件事，因为这样不仅顾客“没有感觉”，可能还会觉得你过于“虚情假意”。赞美不是一成不变的例行公事，完全要靠美容师的经验和智慧，视当时的情况临时应变。

专业美容师在接待顾客时，会对顾客的面部皮肤、身材发型与化妆缺陷进行目测初判，判断顾客可能需要的服务内容，并联想到需要推荐的各种服务组合和产品组合，为下一步接待做好准备。如果是同时接待多人，专业美容师会揣测出购买欲望最强，或最容易交流的顾客，并尽量与其进行交流。如没有更多的人参与协助接待，专业美容师会促使其中一人接受服务或购买产品，在服务过程中，进一步带动其她同行人。

如果你想成为一名专业美容师，应注意：

◎不要打断顾客，仔细聆听。

◎不要直接判断，多采取试探方法，语言要婉转。

◎将顾客偏离主题的话，用相关性语言引回主题上来。

◎避免顾客一进门就推销服务或推销产品。

2、推荐服务或产品

专业美容师向顾客推荐服务或产品时，一般会根据目测初判后的针对性试探结果，以及各种已知信息，用自己具备的服务专业知识、产品专业知识，权威性地向顾客推荐适宜的服务或产品。

向顾客出示产品或推荐服务时，专业美容师会先说明该服务或产品对顾客的益处，然后在征得顾客同意的情况下在顾客手上做某个产品的演示，如保养类霜剂：

◎在演示时以中指、无名指的指腹接触对方皮肤；

◎在顾客手背演示时，让顾客的手掌及手指均自然伸直；

◎在打圈涂抹后，加以指腹的轻拍；

◎视情况，让顾客作已演示部位和没演示部位的对比。

完成演示后，专业美容师会出示产品质量和使用说明，促进顾客作出决定。另外，专业美容师不会对顾客无限制地推销服务或产品。

专业美容师在推荐服务或产品时，不会过多地介绍服务技能技巧或产品有效成分，而是：

◎立即转到接受服务后的效果或使用后的效果(顾客益处)上面来。

◎灵活运用自己丰富的专业知识,理解顾客的各种顾虑,进行引导性化解。

◎有效处理顾客各种反对意见。

◎扬长避短,不打击别人的服务和产品。

3、促成成交的技巧

顾客在听了美容师的推荐产品之后,仍旧犹豫不决或即使不下决心,但还没有向美容师明确表示,这时,专业美容师就会做进一步的说明和服务工作,以促“成交”。

◎请求购买法:专业美容师可以直接对顾客说:“叫她们先开了单取来先用上吧?”

◎选择产品法:让顾客选择购买哪种产品,而不是选择买还是不买。专业美容师不会问:“您要这个吗?”而会问:“您要珍珠美白洁面乳?还是要珍珠养颜洗面奶?美白的可以改善肤色,养颜的可以有滋润作用,您要哪一种呢?”

◎假设顾客购买法:顾客尚未购买皮肤护理下一步将使用的产品时,专业美容师会提前介绍下一步的护理和前后衔接要求,并告诉顾客购买了该品种后将给她做哪些护理,包括哪些手法,能给她带来什么好处等。

◎价格优惠法:当顾客对产品基本满意,可还是犹豫不决时,专业美容师会视促销情况,采用价格优惠或附赠小试用品等办法,鼓励顾客迅速做出购买决定。

◎最后机会法:提醒顾客马上将进行到下一步了,如果跳过去这一步,将不能达到最佳保养效果。

4、同步销售和连带销售

在顾客接受了一项或多项服务后,美容师除了完美地实施服务以外,还要做好扩大服务或扩大销售的工作。当服务扩大以后,服务的持续性也得到了保证。所以,在服务过程中,我们还要做好同步销售和连带销售的工作。

美容院的收入主要来源于做美容服务,但是仅仅靠美容服务来赚取利润,利润来源很单一,另外,技术服务的收入也是很有限的。如果美容师在提供服务的同时,懂得适当销售美容产品,就会毫不费力地取得可观收入。这就是所谓的“同步销售”,即提供技术服务的同时,进行其他服务或产品的销售。

例如,某一美容师在做面膜时同顾客交流:

“你一般在家里自己做面膜吗?”

“哦,不!我通常只到美容院来做美容”。

“你知道有一种面膜可以在你吃什么水果或蔬菜,用水果蔬菜的汁来调做面膜,内外保养,效果特别好吗?……”

这样,一步一步深入下去,美容师先告诉顾客面膜的常识,再提醒顾客有些面膜是可以自己操作的,而且三四

天一次最佳。当你将这种美容面膜介绍出来时，顾客肯定会产生极大兴趣。

举一反三，要推荐祛斑用品时，可从产品入手，转向她的生活习惯，再告之科学的日常保养方法，最后转到祛斑用品上来。总之，动一下脑筋，令顾客开开心心地买下你的产品，高高兴兴地离开美容院。下次有新品问世，此顾客便是你最可能的买家。

技术过硬的美容师可通过高超技术获得顾客的信任，因此，顾客也会对美容师推荐的产品或服务更为信服。在同步销售过程中，美容师要与顾客随意交流，切记不要将自己的意志强加于人。

“同步销售”是在服务过程中进行的，一般情况下顾客只是达成了购买的意愿，而在服务结束后，常常会出现并不购买或托词拒绝的情况。造成这种现象的原因，大多是美容师利用服务中的行为和心理优势实施了过度推销。那么，如何掌握同步销售的尺度呢？

其一是增加其他服务，即在实施的服务以外，新增加其他服务项目，如做护理的增加减肥或增加丰胸等。一般只推销新增服务项目的最简化程序或最小化内容，令顾客感觉增加的费用并不太多。

其二是扩大服务内容，即在实施的服务内容内，加入其他服务内容，如做护理的加入增白或加入祛痘等。在这种情况下，一般应该以连带销售方式，立即达成销售。连带销售是优秀美容师创造销售佳绩的重要手段，必须熟练掌握。

要明白连带销售，先讲个故事：

有次在东京逛街，看到一家规模很大的店，只卖领带一种产品。当我在门口欣赏橱窗设计时，却惊奇地发现，每位走出来的顾客手里都提着大包小包的购物袋。我心里觉得很纳闷，以我们的消费习惯，一次卖个两三条领带就已经很多了，怎么可能达到“大包小包”的地步呢？于是我决定进去一探究竟。

日本人的服务态度实在让人感动，一开始先亲切地问候，然后热心地帮我挑选搭配深色西装、浅色西装的领带共三条。包装的时候，售货小姐笑嘻嘻地提醒我：“父亲节快到了，要不要顺便买两条领带送给爸爸呢？”

她这么一提醒，我也想到：“好像很少送父亲礼物，就趁这个机会表示一下孝心吧！”便请售货小姐再帮我挑两条领带。挑好之后，小姐又提醒我：“那要不要也买两条送给岳父呢？”

这个时候，我终于知道为什么每个从这里走出去人都提着大包小包了。

美容产品生产企业一般都有不同类型的产品系列，以满足人们的不同需求。大多美容院也配置了不同功能系列、不同皮肤适用系列的产品和服务。

美容师在为顾客服务过程中，以自己具备的丰富的美容知识，充分拿出美容权威的姿态来，断然推荐连带产品，常常会获得满意的效果。一般的推荐方法为：

◎针对“配套”使用方面的问题，向顾客提问。

◎点明不配套使用的弊病，引发需求欲望。

◎说明产品连带关系及配套优点，满足顾客需求。

◎视推销的情况，适当介绍连带用品的独立益处。

◎将成套的产品放在顾客面前，并告诉她：只有用这样一套才能够……

根据服务和销售的需要，可同时演示连带产品，并作出适当承诺（一般不可把话说得太满）。

三、美容接待顾问十忌

第一忌：因为站着接待，仿佛居高临下，用眼神上下打量，评估客人是否有消费能力，表现出市井气而减弱专业性。

第二忌：先发制人，不给客人开口的机会，让客人感到无话可说，什么都替客户说完了却问客户，我表现得怎么样？

第三忌：逼客户对自己的推荐表态，而客户并不认同，结果只能迎合客户。

第四忌：顾问眼睛斜视顾客，表现傲慢，令客户觉得不舒服。

第五忌：顾问不听客户的问题和诉说，一味自我推荐，反过来却埋怨客户有问题。

第六忌：推荐产品时如获得顾客认同，或老客户来接受服务，就省略产品和项目介绍，更为严重的美容师还省略操作环节介绍。

第七忌：聊天时滔滔不绝，介绍产品和项目时却一语带过，不能让客户产生信任。

第八忌：客户提问时先反驳，再找理由，比如客户认为服务质量太差了，"为什么你们自己都不清楚搞促销的规定呢？"然后美容师回答："可是，我们今天才开始，还未来得及通知，您认为哪里差？"表现抵触而不是道歉。

第九忌：向还未落座的顾客推销，遇到客户没什么反应时，再倒水或让座，试图挽回局面，但通常已经来不及。不如一见面即让座，先问候再倒水，然后再询问客户要求，这样更为合理。

第十忌：遇到客户沉默就不知如何是

好，一味推荐新优惠，反倒令客户难以取舍；把握客户反应的时机，给客户决定的时间，然后适当促成，不要害怕沉默。

四、高级美容师的告诫

◎勤用眼、多动脑，由简到繁地提问，仔细聆听。

◎从心理上接近顾客，了解客人需求意向，多让顾客说话。

◎避免顾客一进门就推销服务或推销产品。

◎随时了解顾客的各种信息，寻找其与本店销售服务和产品的关联性。

◎以专业的权威性，保证推荐的服务和产品对顾客的直接益处。

◎千万不要让顾客认为你只有一项服务或一套产品出售。

◎美容师要把自己当成医生，将服务和产品当药买，本着救死扶伤救的精神，全面使用治疗术语。

◎突出产品功能，即直接针对顾客缺陷的产品益处，不要对品牌或产品本身说得太多。

◎不要让顾客觉得你是在极力向她推销服务或产品，而要让她感觉这些都是在关心她。

◎注意顾客的钱袋里有多少钱，分析顾客的花钱行为，判断顾客购买能力，并以之作为连带销售的掌握尺度，最大限度地推荐连带产品。

◎对顾客进行赞美（包括对穿着打份等），并将这种赞美贯穿整个过程，特别是服务结束后，要结合服务效果来进行赞美，使顾客提着一堆购买的产品离开时，都有些飘飘然。

◎推荐产品和服务没有统一的模式，应随顾客的购买欲望或行为随机应变。

附录一

阳光美容美发公司开业活动策划方案

目录

一、杭州市美容美容发市场现状简述

1、市场状况

经过调查显示，杭州市的美容美发业目前正处于蓬勃发展时期，业界整体水平在国内居于中间位置。

美容方面，以中小型的美容院居多，客源相对稳定，其基础护理方面已经发展成熟；器械美容、美体及特色项目等方面还处于发展阶段；经营重点大多以售卖产品为主，缺乏优秀的服务、经营意识和体系。

美发方面，大店主要集中在市中心，人气指数很旺，市场需求强大，但服务意识和服务水平低于美容院。中小型店比较密集，为了求生存，很多店采取没有价格底线的方式来吸引顾客，形成恶性循环。美容美发企业不能为了争夺市场忽略有价值的经营理念和完善的经营体系，而这些是需要用较长时间和正确的经营手法培育出来的，也只有这样才能最终摆脱恶性竞争。本方案，亦是为了不落入廉价赠送的俗套，

将真正的实惠和良好的产品带给我们的顾客。

2、竞争状况

从地理位置上看，以本店为中心，周边500米商圈内，除了文峰美容美发店较大以外，没有营业面积在100平米或以上的美容院、美发店或是美容美发综合店；在超过一公里的范围，有姗拉娜、陈佳、绮丽美容、东方名剪等名气较大的美容院及美发店。

从经营项目上看，美发店的经营项目差别不大，没有很特别的地方；美容院除了基础护理之外，祛斑美白、减肥瘦身、颈护等也很普遍，国内美容方面的流行项目这里几乎都有；其中技术性稍强的水疗、香熏等特色项目在稍大型美容院都有开设；在杭州市主城区，约有3～4家美容院开设耳烛项目，有可能是刚刚引入的，引入的时间在三个月左右，目前还没有做头部香熏的。

从产品上看，几乎所有的店都有自己的主打品牌。美发方面，高档店以进口产品为主，中档店以合资产品为主；美容方面的产品，大都打着国外品牌的旗号，至少也是台湾的，纯国产品牌几乎没有。

从服务上看，美容院服务总体上是大店好于中店，小店（家庭式）好于中店。

从店堂上看，店内的装修风格和陈列，以舒适、干净为主，不太注意保护客人的隐私。

3、消费者状况

消费群年龄分段：25～30岁，基本保养；30～40岁，美白祛斑、祛皱；35～45岁，美白祛斑、美体。

消费群的心理需求：获得良好效果，纯粹放松享受。

美容需求排序：美白祛斑、祛皱抗衰、保湿、瘦身、全身享受。

选择美容院的主要因素：产品效果、价格、服务。

在美容方面的花费：70%的消费者不超过500元／月；20%的消费者500～800元／月；8%的消费者超过800元／月。

理想中的美容院：离家或单位近，有效的产品，合理的价格，良好的服务，整洁的环境。

二、阳光美容美发公司市场机会点、问题点分析

1、市场机会点分析

新开业的店，从产品、项目、人员到环境，都是全新开始，没有历史遗留的不良影响；在周围500米的核心商圈内，是第一家营业面积超过100平米的美容美发综合店；核心商圈内有高级住宅区5个，普通居民区6个；茶叶市场、服装市场各1个，商务楼、银行等金融机构也较集中，具有较大的市场开发潜力；已有部分特色项目支撑；主要经营人员拥有良好的社会关系。

2、市场问题点分析

处于人气趋减的老商业街；周围没有配套的大型购物及娱乐场所，客流难以停留；停车不方便，店门外道路不够宽阔；设定的顾客档次稍高，与店面不符；人员、产品、管理的未知及不确定性。

三、产品引进建议

产品选择是本店生存和发展的重要部分，因此产品引进将会直接影响本店的经营。在这里，根据上述市场情况，建议将产品所涉及到的店面形象和利润增长分开来考虑。

1、提升店面形象和价值

引进1～2个知名大品牌，其标准是有国际品牌背景，宣传力度大，有完善可行的营销服务体系；另一方面，着重产品结构的完善性，主要是美容院装和家庭装是否匹配；产品的概念是否独特并具前瞻性；如有一个知名品牌达到如此要求，则只选一个，如不足以达到此要求，则选二个并且最多选二个。

争取获得一个品牌营销体系、形象宣传等方面的大力支持，成为目标消费群喜爱的美容院，并逐渐成为本店营业收入的主要来源。

2、美容院的特色卖点

引进1～2个不知名的特色品牌，作为美容院吸引高消费

客人的手段，并成为利润的主要增长点；选择在杭州不普及或不知名的品牌及特色项目，如安娜贝尔的耳烛香熏系列；如有一个特色品牌达到如此要求，则只选一个，如不足以达到此要求，则选二个并且最多选二个。

3、除去与产品相关的器械，其他美容、美体器械暂不引入

四、价格体系建议

基本项目与杭州市的中档美容美发院收费持平，杭州市较少或没有的项目，可适当偏高。具体价格，参照安娜贝尔的建议零售价。

五、开业及前期企业基本组织架构建议

1、组织结构

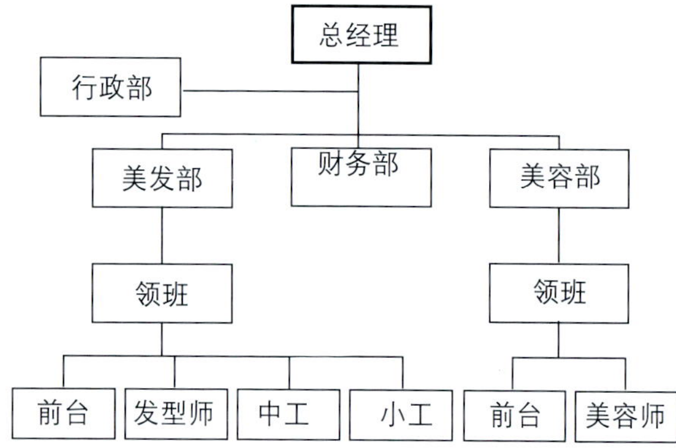

2、人员安排

开业期预设人员数量21人，另有兼职1人。具体为：

行政部：1人；

财务部：会计1人（可兼任）；

美发部：大工3名（含领班）、中工2名、小工7名、前台1名；

美容部：美容师6名（含领班）、前台1名。

六、开业庆典活动策划方案

1、活动背景

金秋十月是美容美发行业的旺季，不断有新店开张，而其他各店也会采取不同的手段进行促销。本店地理条件不适合在开业当天大力作秀，开业庆典的重点在于与媒体配合，采用阶段性主题促销活动。开业典礼上，需要有一至二个亮点，并通过媒体传播，尽量引起本地居民关注，产生街谈巷议效果，达到自发传播的目的。

2、活动目的

短期内聚集人气，以专业性特点，建立本店的知名度和美誉度。

3、活动时间及地点

活动时间：9月26日至10月底

活动地点：本店内

4、活动主题：

专注服务，只为你——阳光美容美发　开业大庆特别活动月

5、活动内容

①开业典礼及流程

②开业典礼内容

◎台湾著名美容师亲临现场，带来古印度美容的神秘传说。开业当天，邀请台湾资深美容师现场演示耳烛的过程（有可能在室外进行，演示模特事先确定），并用具有诱惑力的语言（可由供货方提供或查询相关资料）讲述该项目的来源及其所产生的良好心理感受。时间：下午4：30～5：30。

◎新娘彩绘时尚秀，演绎最炫婚礼妆

邀请女模特3名，男模特1名，穿上简单的婚礼服，由化妆师在裸露的肌肤上绘少量的时尚图案，每个女模特以不同的妆容与男模特搭配，每隔15分钟，在橱窗里展示15分钟，四周打满明亮的灯光，配合激情解说。展示期间可免费为来宾做简单体绘（现场提供选择图样）。时间：上午10：30～11：30；下午4：00～5：00。

◎真情涌动，特殊关怀捐赠仪式

下午4：30，将当天营业额的50%捐赠给杭州市女子监

狱，用于购买书籍，帮助服刑人员早获新生。邀请女子监狱的负责人、新闻界人士、公证处人士参加该仪式。

◎好礼来就送，免费听讲座

开业当天的来宾，来就送精美礼品一份，其中前30名可在当天晚上18：30分，到美容院三楼，免费参加由美容护肤专家特别讲授的“秋冬季的皮肤护理秘诀”。

③．开业典礼流程（9月28日）

◎从上午9:30起，来宾凭邀请函签到，发放礼品；其他进店客人，来就送小礼品，并发听课证（前30名，发完为止）；

◎上午10:30～11:30，新娘彩绘时尚秀，配合背景音乐和解说；现场来宾可获免费体绘。

◎下午4:30～5:30，台湾著名美容师讲述古老传说，演绎奇特“耳烛”美容。

◎下午4:00~5:00，新娘彩绘时尚秀，配合背景音乐和解说；现场来宾可获免费体绘。

◎下午4:30，真情涌动、特殊关怀捐赠仪式。

◎下午6:30，美容护肤专家特别讲授“秋冬季的皮肤护理秘诀”。

6、特别促销活动

①宠爱你，十月新娘（限20名）

凡预备在十月举行结婚典礼的新娘，凭结婚证和喜贴，亲临阳光美容院，只需花费666元，即可获得为新娘特别设定的全套护理方案，内容包含脸部、颈部、手部特殊护理各4次，头部SPA 1次，婚礼当天专业化妆师量身进行定做脸部及手部化妆。

②这里真的有免费午餐——免费洗头

开业前10天，每天中午11:00～13:00、下午18:00～20:00，免费为顾客洗头。

③特殊金卡，又送又折

开业前20天，购买特殊金卡，送现金加折扣，买1000￥送200￥；买2000￥送600￥；买3000￥送1200￥；买5000￥送2500￥。在购买的金卡上，输入一次购买并赠送的总金额，两年内可以在任意时间选做本店任意项目，如购买产品，可再次享受8折优惠。例如：顾客花1000元的本金，获得1200元的充值卡（如可做10次耳烛，两次脸部护理等，可根据需要任意搭配，详见服务价目表）。一次性充值越多，优惠越多，最高送现金额为50%。本卡由电脑管理，可随时查询和充值。凭开业当天的报纸广告购买金卡，可抵现金100元，9月28日至9月30日有效。

④友情赠送

设定200￥的金卡20张，500￥的金卡10张，1000￥的金卡5张，免费赠送给相关人员（此为建议数量）。

⑤免费美容咨询和皮肤测试

⑥长期开通美容咨询热线，店内免费做皮肤测试

7、活动宣传策略

为弥补本店地理位置带来的不足，并配合季节性特点（美容美发业的旺季），以多方位的宣传攻势，传导强势信息。

大众传媒以报纸为主，电视为辅；形式以新闻、软广告为主，纯广告为辅。

DM单：开业活动广告宣传单，预告开业特别活动，3000份；

店内广告：易拉宝展架，两套；

条幅：店外墙左右各一。

8、活动传播表现策略

①开业前

◎开业前第4天，在《都市快报》发布开业新闻一条，以介绍特色项目为主要内容；开业前第3天，在《都市快报》刊登通栏广告一次，预告开业典礼盛况。

◎开业前一周，由阳光美容院工作人员（最好是美容师），身披“阳光美容”授带或工作牌（视去的地区而定），到附近小区、写字楼、商店等处，发放DM单及小礼品。DM单必须发放到女性手中，如是商店，则必须发到老板娘手里。

◎开业前一周，即可在店墙外悬挂宣传条幅。

②开业中

◎开业当天，在《都市快报》刊登彩色通栏广告一次，预

告开业特别活动。

◎开业当天，邀请电视台及报纸媒体，争取在杭州电视台当天的新闻中有播出，特别报道、评述典礼上的几个亮点。

9、活动相关物料及人员安排

①开业典礼所需物料

音响1套（带无线话筒）；鲜花篮8个；签到台、椅、签到册各1；开业典礼邀请函30份；听课证30份；透明抽奖箱1个，长宽高为0.4米；相关美容化妆用品及用具适量。

②促销活动所需物料

“宠爱你，十月新娘”主题活动专用卡20张（名片式样）；特殊金卡若干；听课证30张（名片式样）；顾客登记卡若干；抽奖券若干；开业当天凭邀请函赠送礼品30份。

③宣传所需物料

随DM宣传单发放的小礼品2000份；店内的易拉宝展架 2套；“阳光美容”授带4条。

④人员安排

活动总指挥1名；现场联络1名；工作人员2名；礼仪小姐4名；模特4名。

10、活动费用预算（简单概算）

媒体宣传广告费：3万元左右（按未打折的媒体刊例价计算）。

印制费（DM单及各类卡片等）：6000元左右。

易拉宝展架、条幅制作费：700元左右。

花篮：500元左右。

典礼嘉宾礼品：30套×50元／套=1500元。

随DM单赠送礼品：3000套×1元／套=3000元。

剪刀、托盘等杂物：1000元。

礼仪小姐、人体模特等：费用不详。

折扣券、免费项目的费用未列入其中。

七、计划安排分解表

时间	工作内容	责任人
9月10日	提交本方案	博雅咨询
9月12日	编制、确定各项规章制度	阳光美容编制，博雅咨询协助
9月11～12日	讨论、修订、确认本方案	博雅咨询、阳光美容
9月13	开始全面准备工作、招聘员工	阳光美容
9月12～16日	拟定宣传资料文案	博雅咨询
9月14～16日	定购活动所需物料 (参照"活动所需物料")	阳光美容
9月16～20日	印制DM宣传单、各类卡片， 购买、书写邀请函 确定灯箱、横幅、写字楼等广告的方式	阳光美容
9月18～20日	联络媒体、记者，确定版面 确定灯箱、横幅等广告的最后执行	阳光美容
9月20日	联系礼仪小姐、主持人、模特；广告制作	阳光美容
9月20～24日	美容师及美发大、中、小工专业培训、 实操模拟	台湾美发师等
9月20日	按媒体方案展开既定宣传计划 开始到附近街区发放DM宣传单，预计3天	阳光美容
9月25～26日	全体员工岗前培训，做开业庆典详细内容宣讲和主要情节模拟演示	博雅咨询
9月27日	检查准备情况，查漏补缺。开始模拟营业	阳光美容、博雅咨询
9月28日	开业庆典	

附录二

阳光美容院员工手册

尊敬的各位员工：

真诚欢迎您到阳光美容院工作。为体现人生的价值，请尽情发挥您的才华，相信您会很快融入这充满朝气的大家庭，并凭着您的工作热情和进取心以及对美容业的热爱，愉快地在这里工作、生活。

美容业作为服务性行业，需要您和大家共同努力，为顾客提供完善的服务，力求以科学、专业的经营管理和高质量的服务水准，树立并维护我店良好的形象和声誉，争取最佳经济效益和社会效益。相信您会在此发挥出最高的水平。

为了使您对美容业的基本情况和有关规章制度有比较清楚的了解，请认真阅读《员工手册》，理解并贯彻其中各项内容，以明确门店对员工的基本要求。

希望各位员工敬业乐业，真诚合作，为实现我们的宏伟目标而努力奋斗。

总经理

总　则

《员工手册》是员工在本店工作期间生活和工作的说明书，它包括员工的行为规范和工作准则、员工手册的培训和学习，是新员工进入门店的必修课程，同时，《员工手册》也是门店与员工劳动合同的一个组成部分（通常作为合同附件）。新员工入职，无论即将就任何种职位，无论过去有过何种门店管理和工作的经历，只要入职本店，都要详细阅读阳光美容院的《员工手册》，使之对本店的基本政策和管理模式有一个基本的认识。

《员工手册》作为新入职员工的工作指南，在新员工入职培训时按人手一册发给员工，要求熟读、熟背，并在尾页上签名。本《员工手册》按内容分为7个章节，主要包括：门店简介、劳动条例、员工福利、员工守则、员工的职业素质、员工行为规范、迎宾礼仪规范、门店员工日常规范、附则（奖惩条例）等。员工就职后，需认真遵守。

门店简介

阳光美容院门店的实用面积在80～100平方米，8～10张美容床(其中2～3张美体SPA床)。门店由店长1名、接待员1名、美容师8名、保洁员1名共11位员工组成。集中布点，统一经营管理，在局部区域形成优势品牌，最终形成强势品牌。这样能统一在该区域做各种促销活动，受益的是该区域的所有门店，因而能节省资金，在消费者心目中既能树立良好形象，又拉动了各门店的销售额。由公司负责①门店定点，②装饰方案认可和完成后的验收，③所有门店用品的配送，④店长、接待、美容师、清洁工的派入。

劳动条例

1、用人原则及聘用标准

用人原则：重人品、重业务、重能力，不拘一格，任人唯贤。

聘用标准：符合本市劳动管理部门的劳动力管理政策，根据本门店的岗位需要，凡是具有一定专业知识和技能、身体健康、无不良行为记录、有志从事美容服务工作的应聘人员，经过自愿报名，公司培训部门测试、考核合格者，均有录用机会。

2、资格审核

凡报名应聘人员，均应提供本人身份证件、学历证书及美容专业资格证，由人事部审核。

凡报名应聘门店管理职位和专业技术职位的人员，除提供上述证明文件外，还应提供本人的专业技术资格证明，公司会通过一定方式对员工资历进行核实。

3、身体检查

凡经测试、考核合格人员，必须经过本市卫生防疫站或门店指定医院的身体检查，并获得健康合格证。

员工入职后，门店每年对员工安排一次体检（费用由员工自理），对于患有传染性疾病的员工，安排休假、调离或调换工作岗位，直到做出办理病退或终止合同等处理。

4、入职考试

应聘人员要经过培训、考试，考试合格方可成为门店的实习工；考试不合格者，可给予一次补习、补考机会，经补考还不合格者，即取消聘用资格。

5、试用期

所有入职员工都必须经过1个月的试用期，接受公司门店入职培训教育，试用期间享受该岗位的试用工资。在试用期内，如试用员工欲终止合作，责任自负并承担经济损失。试用期满后，由部门做试用评价书，并参加评级考试，确定工资级别。考试不合格者，公司有权解除劳动关系，或延长试用期。试用期的延长期限最多不超过两个月。

6、劳动合同

应聘合格被录用的员工，公司与其签订正式劳动合同。从劳动合同签订之日起，员工享有该岗位合同规定的工资待遇及有关福利，劳动合同期限为1～2年，合同期满后经劳资双方协商，可续签或终止合同。

7、工作班次

员工的工作班次，由工作性质确定。如工作需要可安排倒班、加班、加时或上连续班。加班加时或上连续班，应按门店统一安排的程序进行。因工作需要，门店有权对员工的岗位进行调换。

8、薪金

门店实行下发薪制度，即每月15～17日以现金方式发放上月的工资。

美容师工资构成为：基础工资＋提成＋奖金。

9、晋升

公司可根据工作需要调整员工工作岗位或工种，调整岗位或工种后的待遇按所在岗位或工种的标准执行。

公司可根据员工的工作表现和才能提供晋升机会，员工通过每半年的晋升考试或管理部门提议实现晋升。

10、培训

新员工从入职到正式担任岗位职务，必须经过入职培训、岗位培训、入职考试三个基本程序，门店员工（需职业培训的员工）入职时应交培训费。员工在劳动合同期未满之前擅自离职，培训费不退还。劳动合同期满后，无论续签合同还是辞职，培训费均退还本人。

11、考勤

员工必须严格执行门店的考勤制度，申请各种假期必须按规定的程序办理。未经部门主管批准的缺勤、迟到、早退等，按公司管理制度处理。

12、辞退或辞职

员工在合同期内要求辞职，均应提前一个月写出书面申请报告，经批准方可办理离开手续。如未提前1个月提出申请而擅自离开门店者，以旷工论处（旷工当日无薪金，旷工1天处以经济处罚30元）。

13、离职

无论何种原因，员工离职都必须按公司规定交回制服，退清欠款，经本部门负责人签字批准，并经行政部核准（门店负责人须总经理核准），按规定程序办完离职手续，方可离开工作岗位。

员工福利

1、休息日

员工每月全休4天，具体休息日期由所属部门和店长根据工作需要预先安排。

2、年假

（1）在门店连续工作满12个月的正式员工，均可享受门店之带薪年假3天。年假不包括休息日在内。

（2）员工申请年假，必须提前1个月向部门提出书面申请，经 部门主管批准后办理休假手续，再经市场部批复后方能生效。

（3）年假应在本年内安排休完，不得将年假积累至下一年度。

（4）当年有旷工记录或受记过处分者，请假（病假、事假、产假、丧假）3天及以上，均不享受当年年假待遇。

3、病假

（1）门店员工请休病假，必须持有市级医院有效病假证明，经部门主管批准并办妥病假手续后方可休假。

(2) 如因急诊无法提前请假，需提供医院开具的有效急诊证明，经门店核实后，补办休假手续。

(3) 员工因突然患病，不能语辞而休病假，需由其他同事于当值时间之前通知所属店长。

(4) 员工病假5天内发放基本工资50%，超出5天无基本工资。

4、事假

(1) 员工如有特殊情况需请事假，必须提前1天办妥请假手续，经批准后方可休假。

(2) 员工当值，遇特殊或紧急情况，需请事假或换休假，可随时向所属店长提出申请，经批准后方可执行。未经批准无故缺勤或擅离岗位者，按旷工论处。

(3) 事假期限的审批权为：1天以内由所属店长审批，1天以上3天以内由部门经理审批，3天以上由总监审批。

员工守则

1、总则

(1) 热爱祖国，拥护共产党的领导，遵守国家法律、法规和各项政策。

(2) 遵守社会公德，讲究职业道德，讲究文明礼貌，热爱本职工作，维护本店声誉，遵守劳动纪律。

(3) 敬业乐业，积极进取，努力学习专业知识，不断提高业务水平和工作能力，提高服务质量。

2、忠于职守

(1) 按时上下班，工作时间不得擅离岗位，不得迟到、早退。

(2) 工作时间不得打私人电话，不得长时间会客。紧急私人电话由所在部门或人事部接收转告。

(3) 在工作岗位上不准吃东西，坐、躺美容床，看与业务无关的书籍。

(4) 不准与客人争辩，不准用粗言秽语对待客人与同事，不得讥讽或嘲笑客人，不允许存在不理睬客人的怠慢行为，不得在公共场合与人争执或大声喧哗。

(5) 在工作岗位，要热情、礼貌、周到接待客人，与客人和同事交谈要使用敬语，当值时要按门店要求的标准姿势站立服务，不准高声谈话或聊天，不许当着顾客的面做不雅观的动作，如梳理头发、掏耳朵、挖鼻孔等。

(6) 门店员工不得利用职权给亲友以特殊优惠。

3、工作态度

(1) 礼貌：礼貌是门店员工起码的准则，无论对待客人还是对待同事都要以礼相待，使用敬语。对客人服务时，还要做到“迎客要有问候声，谈话要有称呼声，离别客人要有道别声，工作出现差错和失误要有致歉声。”

(2) 微笑：微笑服务是门店对员工的基本要求，微笑要自然得体，要发自内心，使客人感到宾至如归、温馨和谐、轻松愉快。

(3) 效率：做任何事情都要讲求效率，说到就要做到，对工作不推诿、不拖拉，接待客人要善始善终，交接工作要讲清楚。

(4) 责任：对各项工作要有责任心，要有对客人、对门店高度负责的精神。

(5) 诚实：诚实、可靠、正直、不徇私情，不行贿受贿，不贪图别人的钱财和物品，不要求客人办私事。

(6) 细致：工作仔细、认真、耐心、细致，兢兢业业，一丝不苟。

4、仪表仪容

(1) 员工进入岗位必须穿着工衣，并保持工衣制服干净、整洁，领花袖口要扣好，衬衣要将下摆放入裤（裙）内，不可穿破损或黑色的袜子。

(2) 保持身体清洁，不留怪异发型，不留指甲，不涂指甲油，工作不吃异味食品，保持口腔卫生。

(3) 站立要端正、挺胸、收腹、抬头，两眼平视，双手手心向上，右手放左手上，双腿呈“V”字形，左右膝和后脚跟要相互靠紧。

(4) 就坐姿势要上体挺直、两肩放松、挺胸收腹，坐凳子面积的2/3为宜。

(5) 行走要轻松稳健、挺胸抬头、两眼平视，步距要符合标准。

(6) 在岗位上行为要规范，不准在客人面前打喷嚏、打哈欠、伸懒腰、挖耳鼻、梳头发、剔牙、打饱嗝儿、挖眼屎、修指甲，不准交头接耳，不准谈笑聊天。

5、服从上司

(1) 员工必须有强烈的服从意识，每一位员工必须切实服从上司的工作安排和督导，按时完成本职任务。

(2) 不得顶撞上司，不得无故拖延、拒绝或终止上司安排的工作，若遇疑惑不满，可按工作程序向上一级领导或人事部门投诉。

(3) 若在工作中出现意外情况，直属上司不在场，又必须立即解决时，可越级向上级主管请示或反映。

6、合作精神

门店对顾客的服务，要依靠大家共同合作。门店的工作都是为了一个共同的目标，即完成对顾客的优质服务，因此，门店员工必须树立合作意识，在做好本职工作的同时，还要为同事创造条件，保证服务高质量、高水平。

7、工作行为与规范

公司对每个岗位的工作都制定了工作程序和规范，规范员工的工作步骤，员工不可随意更改。如需变更，需征得有关部门总监的同意，由门店通过一定的程序进行更改。

8、服务准则

注重质量，完善服务，使客人对我们的服务无可挑剔，是门店全体员工的共同准则。

9、上下班打卡

(1) 门店员工必须按时上下班，在工作时间内未经店长批准，不得无故早退。员工必须按公司编排的时间表进行工作，若需对值班时间做出更改，必须事先得到总监的批准，否则均按误工论处。

(2) 员工上下班，必须按规定交卡。不交卡下班，按早退处理；不取卡上班，按旷工处理。

(3) 代人或托人取卡，均属舞弊行为，将会受到公司的严厉处分。

10、工号牌

员工入职门店后，即会得到公司颁发的员工工号牌，以证实员工身份。员工上岗、当值时应戴工号牌，否则按旷工处理。工号牌如有遗失，应立即向人事部报告并办理补领手续。

11、员工工作制服

(1) 员工入职后，门店将提供统一工作制服。所有工作制服均属公司财产，员工必须按公司规定的程序签领，并按规定进行使用和保管。

(2) 员工在工作时必须着工作装，并保持工装整洁、端庄。除经过批准外，不准穿着或携带制服离开门店。

(3) 员工离职时，必须将服装交回门店，并按规定办理退还手续，如有遗失或损坏，则按规定赔偿。

12、门店财物

(1) 爱护门店财物是每位员工的义务，每位员工必须养成节约用电、节约用水、节约使用产品和易耗品的良好习惯。

(2) 对仪器、用品，应严格按照标准操作规程使用，如发现违章操作致使仪器损坏，照价赔偿。

(3) 未经批准，员工不得擅自取用门店内各类物品自用，否则将以偷盗论处。

(4) 如员工有盗窃财物行为，无论其所偷盗物品属于门店还是客人或同事，均被立即开除职务并送公安机关查办。

员工的职业素质

1、职业道德修养规范

要热爱美容，不要权宜之计；要乐于助人，不要袖手旁观；
要兴趣专一，不要朝三暮四；要同情丑者，不要讥笑挖苦；
要讲求科学，不要盲目蛮干；要公平合理，不要看人论价；
要知识渊博，不要学识匮乏；要重义轻利，不要见利忘义；
要技能高超，不要才智平平；要诚恳扎实，不要奸诈虚伪；

要注重效果，不要拜金主义；要极端负责，不要敷衍了事；
要热情待客，不要冷漠无情；要精益求精，不要粗制滥造；
要解放思想，不要封闭自守；要仪态优美，不要丑态百出；
要更新观念，不要因循守旧；要文明礼貌，不要野蛮无礼；
要心灵高尚，不要灵魂庸俗；要遵纪守法，不要违法乱纪；
要勤奋刻苦，不要懒惰奢侈；要钻研业务，不要惟利是图；
要遵守公德，不要放荡不羁；要自尊自爱，不要自惭形秽；
要传播知识，不要散播流言；要自知之明，不要自命不凡；
要化解矛盾，不要拨弄是非；要虚心好学，不要骄傲自满；
要卫生健康，不要肮脏多病；要勇攀高峰，不要停滞不前。

2、门店服务准则

(1)一定要做到：一定要做到微笑服务，热情主动。

(2)第一时间：当有客人进入时，无论正在做什么事情都要立刻停下，第一时间招呼客人。

(3)三个主动打招呼：①主动向客人打招呼，②主动向上司打招呼，③主动向同事打招呼。

(4)三轻：①走路轻，②说话轻，③操作轻。

(5)三习惯：①习惯站，②习惯听，③习惯与客人打交道。

(6)六勤：手勤、脚勤、眼勤、耳勤、嘴勤、脑勤。

(7)“七字”准则：①礼：礼貌待客，热情主动；②勤：勤问候，勤服务；③精：精通各项美容知识；④细：动作细心，轻拿轻放，细心呵护；⑤快：动作快捷，不让客人久候；⑥静：保持环境安静；⑦洁：保持环境和个人卫生。

(8)“八声”服务：客来有迎客声，客人生日有祝福声，客人入定有介绍声，客问有回答声，不满意有道歉声，服务有征询声，结账有道谢声，客走有送客声。

(9)服务十字诀：主动、热情、礼貌、周到、微笑。

(10)店长管理九步曲：会安排工作，会监督工作，会检查工作，会考核工作，会指导工作，会批评工作，会发现问题，会解决问题，会沟通思想。

3、员工作风规范

(1)良好作风

以诚待人，善解人意。珍惜名誉，诚实公平。
负责尽职，言而有信。谈吐高雅，声音柔和。
卫生清洁，讲究仪表。按时上班，遵守规章。

(2)不良作风

工作敷衍，不负责任。言行不一，言辞夸张。
自我夸张，讥笑他人。矫揉造作，姿势不良。
使用粗语，打探隐私。浓妆艳抹，奇装异服。

(3)美容师必备条件

要想成为一名合格的美容师，必须要具备下列条件：

◎要有一双温柔灵活的手。

◎对色彩、搭配有透澈的认识。

◎对人体各部位有深入的了解。

◎学习高雅的谈吐。

◎有独特的风格、审美观点。

(4)美容师的形象

美容师的形象条件：有典雅的风度，有高超技术，端庄的举止，文雅的谈吐，接人待物要彬彬有礼、落落大方，有丰富的内涵。

美容师形象设计：

◎仪容设计，包括发型、妆型、体形、外型的化妆。

◎仪表设计，包括服饰设计及色彩搭配、内衣、外衣、鞋、帽、首饰、饰品。

◎仪态设计，包括：姿态、举止、谈吐、风度；走、坐、蹲、回头、转身；待人接物的手势、动作，如握手问候、点头示意、拥抱亲吻、递接名片、接打电话、下轿车、进出电梯、服务操作。

◎语言与肢体语言的综合运用（如讲话、语调、语速、表情、眼神等）。

◎内在气质的把握、修养、礼仪。

(5)美容师的品德

美容师在自身修养上，应做到：

◎遵循国家法律和门店的规章制度。

◎有信心和尽最大努力工作。

◎乐于学习健全心智，提高气质。

◎言行有信，负责尽职，成为具有良好德行及优良职业行为表现的人。

◎温文有礼，对他人的帮助表示谢意，对别人的缺点要容忍和有同情心，尊重他人感觉及权利，能良好配合同事及上级工作。

◎对所有的顾客友善、礼貌、热情、诚恳、公平，不可厚此薄彼。

◎学习技巧高雅的职业谈吐，培养悦耳动听的声音，当他人说话时注意倾听。

◎注意外表随时保持最高的卫生标准，使顾客对您产生信心。

(6)美容师的举止

美容师在举止上，应注意以下方面：

◎要避免口臭、体臭，不在别人面前做不雅观的动作。

◎不能在顾客面前嚼口香糖。

◎说话不能大声、刺耳。

◎不能在顾客面前对同事和别的顾客作任何评论。

◎不要与顾客谈论自己的私事。

◎不能斜靠椅背或桌面，在接待顾客时懒散地横靠在沙发上。

◎工作时不能姿势不良，行走时不要摆动，要轻盈。

◎在做产品销售时，不能诋毁别的产品；顾客下定单不能得意忘形，喜形于色。

◎不能探听顾客的隐私。

◎不能有矫揉造作的态度。

◎不能使用粗语、暗语、俚语、下流双关语。

◎不要在顾客面前抱怨。

员工行为规范

坐、立、行的仪态，是一个人气质与风度的具体表现，也是一连串可表现节奏与美的行为语言。高雅的仪态、柔美的姿势可使别人对你产生好感，留下良好的印象。现就坐、立、行的基本姿势规范如下：

1、坐姿

(1) 就坐前，应注意椅子是否稳定，再缓缓坐下，不可发出声响。

(2) 坐下时，身体宜挺直，不可左右晃动，背部和椅背平行，双手自然平放于腿上。

(3) 视座椅高低决定两脚的位置，双脚与腿之间成100度为佳（椅子较低）。如椅子稍高，脚与腿位置的角度以不低于80度为原则。总之，两脚着地与膝盖成直角为最佳。

2、站姿

员工咨询时应时刻保持站立姿势，精神饱满，面带真诚微笑。双手合置于身前，抬头挺胸，仪态自然。对3米以内的每一位顾客都应主动点头示意。在征询顾客意图后，邀请顾客坐下，并为顾客介绍护理课程或产品。

(1) 由骨盘到脊背，必须保持挺直，不可弯腰驼背。

(2) 头部要正直，下颚往后收，约与身体成90度，视线与眼睛同高。

(3) 两腿宜靠拢，脚跟并拢，鞋尖微向外张开，但不可过高撇向外侧。站立休息时，可采取两脚交叉方法，即以一脚当支点，另一脚向内侧斜交与后方，如此不但不易疲劳，而姿势也优美。

3、走姿

(1) 走路时双肩要平稳，两手自然摆动，不可交叉背后，速度不急不慢。

(2) 走路时要挺胸抬头，下颚微收，眼睛平视，容貌安详，心情要轻松，不可东张西望。

(3) 双腿宜直，脚底向前平放，迈步前进，步履稳重，以高雅有活力为原则。

(4) 穿裙子时，走路宜成一直线，裙的下摆与脚的动作要相互配合，姿势柔美。

4、说

顾客入店，员工应在顾客之前开口。迎接顾客时，应说："您好！欢迎光临！"

咨询时要真诚热情，语调清晰温和，目光热情自然，注意力集中在顾客身上，认真倾听顾客询问，理解顾客的要求。视线集中，左右不出对方双肩，上下不出对方眼睛与胸口。不左顾右盼，不与自己的亲朋好友在工作现场交谈。

熟练掌握"您好"、"请"、"对不起"、"谢谢"等礼貌用语。

对远距离的顾客应微笑点头示意，近距离应问候："您好"，显示良好的修养。

门店常用服务文明用语有：

◎接待顾客文明用语："您好，欢迎光临。"

◎接待顾客文明用语："对不起，让您久等了，我能为您做点什么？"

◎纠正顾客文明用语："对不起，这里是无烟场所，请您把烟灭了，谢谢合作。""对不起，请您不要随地吐痰，清洁桶在那儿，谢谢使用。"

◎提示顾客文明用语："收银台在……，请您去那儿缴款。"

◎送别顾客文明用语："请走好，欢迎下次再来。"

5、穿

(1)须淡妆上岗，穿工作装，佩工作牌。

(2)头发：保持本色头发，头发卡在脑后，脸旁不能有头发，保持头发干净、清香。

(3)面部：适当护理皮肤，保持皮肤健康，眉、唇稍加修饰。

(4)脖子：不戴围巾、颈饰。

(5)手：不戴手饰，不留长指甲，不涂指甲油，保持手部清爽细腻。

(6)腿：夏季腿袜颜色须跟工装配色、干净、整洁。

(7)鞋：工作鞋干净，不邋遢。

6、做

每天提前半小时到工作岗位，将所有的样品专柜擦拭一遍，保证无灰尘、无污染，光亮整洁如新。

工作应耐心细致，不急不躁，不厌其烦，把每位顾客当成自己的亲友一样接待。美容师应时刻牢记"每失去一位顾客将使企业失去100名潜在顾客"。

熟练掌握咨询技能，在顾客大量涌来时要应付自如，做到"送一答二照顾三"，即送走第一批顾客的同时，回答第二批顾客提出的问题，同时照顾第三批到专柜前来咨询的顾客。

员工必须能使用标准普通话准确地向用户介绍产品的特点和作用。在咨询过程中切忌有贬低同行业产品的语言、行为。

迎宾礼仪规范

1、当班美容师轮流迎宾，须面带微笑，礼貌用语亲切自然，根据顾客的情况填写顾客记录(由店长协助)。

2、前台接待根据顾客的登记情况配货。

3、美容师将顾客领到工位，安排顾客就位后，再到清洁区，前台领用品。

4、服务步骤：

(1) 包头巾。美容师双手一定要擦干净头巾，轻柔地将顾客的头发理顺后，用毛巾将头发包好，并询问顾客头巾的松紧程度是否适当。胸前的毛巾要在适当的位置，平直，紧箍。

(2) 在包头巾之前将奥桑打开，头巾包好后，先用湿毛巾将面部润湿，再将洁面霜放在蒸汽下湿热后，五点法在面部轻轻匀开。清洁的时间为3分钟。

(3) 需要去角质的，将去角质霜在"T"形区均匀后，轻轻地顺肌肉纹理涂下。去角质的时间为2分钟。

(4) 按摩，将按摩霜湿热后，五点法在面部匀开，手法要点：穴位按摩节奏为轻—重　—轻，纹理按摩以手指指腹刚好碰到骨的力度为准，有韵律地滑动。时间为10～15分钟。

(5) 导入：开机后，先将探头放在美容师自己的手腕内测试，湿度适当后，才能放在顾客的面部开始导入。时间为眼部8分钟，面部15分钟。

(6) 面膜：水洗膜应用专业的面膜刷将面膜均匀地刷上，厚薄均匀适度，以0.2毫米为宜；软膜的使用专业化，厚度以

2毫米为宜。水洗面膜的时间为15分钟，软膜的时间为20分钟。

(7) 顾客敷上面膜后，美容师不能离开工作岗位，要做头部、肩颈部、手臂的按摩，时间不能低于15分钟。

(8) 爽肤：在面部轻拍至五点匀开后完全吸收。

(9) 润肤：五点匀开后，轻柔推匀。

(10) 帮助顾客化淡妆。

(11) 美容师将顾客领到前台结清手续或款项，并礼貌送别顾客。

门店员工日常规范

1、更衣室规范

(1)员工允许在上下班更衣时进入更衣室。

(2)进更衣室后，应迅速在自己的更衣柜前更衣及装扮仪容。

(3)更衣完毕后，应仔细管好自己的更衣柜并管好钥匙。如钥匙遗失，应及时到店长处登记，办理借用的手续，半日内配好钥匙后将备用钥匙退还店长，配钥匙费用自理。

(4)更衣和装扮仪容后，应迅速离开更衣室，当值员工不得在更衣室停留。

(5)不能在休息室以外吃零食。

(6)未经登记不得私自占用更衣柜，不得擅自配用更衣柜钥匙。

(7)不得擅自调换更衣柜，遇特殊情况需调换衣柜时，需由店长办理登记后方可调换。

2、就餐规范

(1)午餐时间为12:00，按规定时间就餐，不得提前或超时就餐。

(2)就餐时间内，组内人员分批就餐，确保岗位有人，不得因就餐影响工作。

(3)就餐时讲究公共卫生，就餐完毕将杂物放进杂物桶内。

3、会议规范

门店的会议包括员工会议、主管会议、每天晨会及临时召开的有关会议。会议组织者要做好时间安排和有关准备工作，并提前通知会议参加者；会议结束后，做好会议内容的整理和资料汇总（员工会在月底最后一天召开；主管会每周六召开；早会于每天上午打卡后15分钟内召开）。

参加会议应做到如下各项：

①按通知时间准时到达会议地点，按指定位置就坐，不得迟到。

②统计会议人员时，点名响亮应答。

③会议期间要认真听取会议内容并做好会议记录。

④会议期间不准讲话、做小动作，不准随便出入会场。

⑤因特殊原因不能参加会议者，应事先请假，并征得同意。

⑥按店长安排参加班前、班后会。

⑦晨会内容汇报自己的业绩，研究客人预约资料，学习专业知识等。

⑧每周一晨会店长安排上周销售冠军介绍经验。

4、日常工作行为规范

员工按规定时间出勤，并按以下规范约束自己的言行，以保证正常的营业秩序和良好的工作状态：

(1)员工早上见面，应互道“早安”。遇到上司，应主动向上司问候“早安”。

(2)打卡后，立即到更衣室按规定换好工作服，佩带工作牌并化好妆，不得利用工作时间在营业现场装扮仪容。

(3)到岗位后应立即打扫卫生，清理物品，准备好工作中所需的物品。

(4)不得拿私人物品到营业现场。

(5)工作时间不得大声喧哗，做与工作无关的事情。

(6)工作时间不得打私人电话，如有特殊情况应请报主管批示。

(7)工作时间不得串岗，聚集聊天。

(8)工作时间不得卧在美容床、椅上，应随时保持端庄的仪表。

(9)在不影响工作的情况下，会客请到指定地点，时间不得超过10分钟，并向主管请假，不得擅自脱岗，严禁在工作现场或操作时间会客。

⑽操作时不得与顾客以外的人员闲聊。

⑾严禁营业时间私自外出或擅自享受任何服务。

⑿因公事外出，必须换上自己的服装，严禁穿工作服外出（如遇特殊情况，酌情处理）。

⒀退勤及就餐时，请按指定员工通道出入。

⒁在非当班时间到营业现场时，不得与当班员工在营业现场闲聊。

⒂请在指定地方饮水，不得将饮水杯带入营业现场。营业结束后，按营业收工规范完成有关工作。

5、出勤规范

为严格出勤制度以及便于考勤、计薪，门店应实行打卡制度（或在签到本上签到）。若打卡机显示不清晰或打卡机出现故障，不能按时打卡，应由店长本人签字。员工不得随意涂改、损坏、私藏考勤卡，不得相互代打卡。上班打卡后应立即到更衣室更换工作服装，准备上岗；打下班卡后不得在营业现场逗留。如果下班时忘记打卡，需店长签字证明。

6、电话拜访（沟通）规范

接待人员无法控制打进来电话的数量，但接待人员必须控制每次通话的时间。如客人打电话到美容中心咨询问题，但电话老是占线，客人就可能放弃或另找地方。

⑴咨询电话

对于咨询电话，一般应该先弄清咨询者的咨询内容。

示范一：新顾客来电："你好，阳光美容院，我是××，很高兴为您服务。""请问您贵姓？""××小姐(女士)您好……""请问您想了解哪方面的问题？""请您稍等一下，我马上请专业顾问帮您解说（转接店长或顾问并说明咨询电话）。"

示范二：老顾客来电："您好，阳光美容院，我是××，很高兴为您服务。""请问您贵姓？""××小姐(女士)您好……""请问您有何问题（或预约时间）？""××小姐(女士)，您预约的时间是×月×日，请准时到达，我们将在这里恭候您。"

⑵电话回访并预约

在下次护理的前一天致电顾客："您好，我是阳光美容院，我姓×。"

您……（具体讲出哪一天）的护理觉得满意吗？如客人满意，则说"谢谢您"，并预约第二次护理的时间；若客人有意见，需耐心聆听并详细记录；客人讲完后，先致歉，并明确告诉客人会在下次护理时解决问题，最后为客人预约第二次护理时间。

当有客人无法准时预约，不要只是任她取消或再打电话预约，应主动向客人预定下次时间，或主动为客人提出建议，从而争取客源。

⑶私人电话

——您好，阳光美容院。

——对不起，××现在正工作，不方便接电话，如果您方便的话，我可以替您转接，等她忙完立刻复您电话。

⑷总部或主管找人电话

——您好，阳光美容院。

——××（对方名字或主管职称）您好！

——请您稍等，我替您转接。

——对不起，她在忙，不方便，请问您要留话或等她忙完回您电话（留言转告）。

在处理电话时，必须尽可能迅速、和气，不可吃食物，不要长篇大论。前台人员随时保持清洁。播放音乐(音乐由公司统一提供，门店绝不可自选音乐)时，音量要适中。

附则　奖惩条例

为保证门店的工作秩序和服务质量，培养员工的敬业精神，限制和杜绝违规、违章现象，门店制定奖惩条例，全体员工必须遵守执行。

1、嘉奖

①对门店的经营管理和服务质量管理做出重大贡献者。

②对发现事故隐患及时采取措施，防止重大事故发生者。

③拾金不昧者。

④在同行业的业务比赛中，取得优异成绩，为门店赢得

荣誉者。

⑤为门店开源节流，提出合理化建议，经实施取得显著成效者。

2、纪律处理

本门店员工（含试用期员工）经过职业培训并进入工作岗位后，违反门店的规章制度，门店将根据犯规的不同情节，给予适当的处罚，以达到教育和警告的目的。依据“员工过失”的三个类别，门店的纪律处分可分为口头警告、书面警告、严重警告、解雇等四种形式：

①口头警告：适用于初次轻微违反门店规定之员工。本项处分直接由犯规员工的上司执行。

②书面警告：适用于口头警告后再次违反门店有关规定的员工，即再次犯有这类过失的员工。书面警告形式为填写“过失单”。本项处分由犯规员工所在部门的主管提出，部门经理签发。

③严重警告：适用于犯有较大过失或在半年之内签出第2份“过失单”的员工，受到严重警告的员工同时给以罚款或降职处罚。本项处分由总监签批执行。

④解雇：犯有严重过失或在半年内两次犯有较大过失，并在员工或社会上造成不良影响，或在社会上违法乱纪，触犯刑法。本项处分由总经理签批执行。

阳光美容美发公司

后记

七月流火的季节，本书书稿终于尘埃落定。三个月的撰文时间，历经两次惊心动魄，那是在我多年工作中从未遇到的：第一次是在“五一”期间，正在大家享受节日欢悦的时候，我的电脑却突遭病毒“震荡波”的袭击，刚完成的半部书稿瞬间灰飞烟灭，痛恨之余，一切只好从头再来；第二次是在7月初，修改第二稿时，自己昏昏然不知就里，将电脑中所有文件误删，以至于电脑、人脑一片空白。所幸初稿曾交中国宇航出版社编辑审读，田方卿编辑得知消息后及时发回了初稿，才挽救我于危难之中！

本书在写作的过程中得到了许多人的热情支持和帮助，重庆师范大学美术学院陈星槎老师在百忙之中为本书逐句润色；博雅美容化妆品业咨询机构的同仁们为本书收集整理素材；本书作者之一陈曦先生冒着酷热在全国拍摄照片，以满足书籍出版需要；还有中国宇航出版社的田方卿编辑多次提出修改意见，使本书得以顺利完成，在此一并致以真诚的感谢！

尽管从事美容化妆品行业的咨询服务工作多年，也曾在美容院经营管理方面有过潜心研究并在实践中卓有成效，但是在本书的写作过程中，仍然有许多的不足或疏漏，所以参考了许多行业文献和资料，其中包括《中国化妆品》、《医学美学美容》、《经典美学》、《美容新时代》，重庆一小时美容连锁机构也给予我资料支持，在此一一感谢。

感谢《中国化妆品》杂志总编李康和《医学美学美容》杂志总编辛映继热情为本书作序。

最后，真诚感谢本书的读者，只有你们才能赋予本书生命力！特别是那些长期奋战在美容行业第一线的工作者，是他们的辛勤劳动和经验积累构建了本书的基本元素，我不过是汇集了他人的成败得失，与更多的人共享而已！

我要说：真诚地感谢你们！

郑东

2004年8月于重庆

图书在版编目（CIP）数据

开家美容院／郑 东　陈 曦　编著.
—北京：中国宇航出版社，2004.6
（开店系列）
ISBN 7-80144-865-0

Ⅰ.开…　Ⅱ.①郑…　②陈…　Ⅲ.商店－商业经营
Ⅳ.F719.9

中国版本图书馆 CIP 数据核字(2004)第 083650 号

出版
发行　中国宇航出版社
社 址　北京市阜成路 8 号　　邮 编　100830
(010)68768548
网 址　www.caphbook.com　www.caphbook.com.cn
经 销　新华书店
发行部　北京市阜成路 8 号　　邮 编　100830
(010)68768541　　(010)68767294（传真）
零售店　读者服务部　　北京宇航文苑
北京市阜成路 8 号　　北京市海淀区海淀大街 31 号
(010)68371105　　(010)62579190
承 印　中科印刷有限公司

版 次　2004 年 9 月第 1 版
2004 年 9 月第 1 次印刷
规 格　889 × 1194
开 本　1/24
印 张　6
字 数　130 千字
书 号　ISBN 7-80144-865-0
定 价　28.00元